本気で内定！

面接対策

Web・オンライン完全対応

自己PR・志望動機

キャリアコンサルタント
瀧本 博史

新星出版社

はじめに

　「就活したいんですけど、行きたい業界がないんです」、「やっぱり業界って絞ったほうがいいんですか？」、「いろいろ迷っていたらインターンに行く機会を逃しちゃって……」、「就活、まだ間に合いますかね？」、「正直、バイトしかしていません」などなど、大学のキャリアセンターには連日このような悩みをもった学生さんが相談に来られます。でも、もう安心してください。本書はあなたの救いとなるようにデザインされています。

　コロナ禍の影響で採用活動のオンライン化が進んだことや企業が早期に優秀な人材を確保したいという意向が強まったことから、学生さんも早い段階から就活を求められるようになりました。

　2023年の前半は感染のリスクや就活のストレスを減らすため、多くの企業がオンラインでの選考を取り入れていました。しかし、2023年5月8日からは5類感染症へと移行したため、オンラインでの印象のギャップを埋めるためと学生さんの実力やモチベーションを直接感じたいということで、対面による面接評価の重要度が以前よりも増しました。オンライン面接は継続しつつ、対面での面接も重視されるようになってきています。

　今後、さらにコロナ禍の収束が進むと、企業はますます対面での選考を重視する可能性が高まります。そうなれば、学生さんはインターンシップや説明会などを通して、企業をより深く理解した上で就職活動を行うことが必要となります。また、人々の考え方や生活様式の多様化が進んでいることで、以前にも増して対面でのコミュニケーションが重要視されるようになって

きました。今後の就活においても学生さんのコミュニケーション能力はより重視されるようになるでしょう。

　このまま景気動向が好調であれば、企業の採用意欲は高まり、内定取得率や求人倍率は上昇を続ける可能性があります。そうなれば、学生さんはより多くの選択肢から就職先を選ぶことができるようになる一方で、あなたの周りの学生さんも就職意欲が高まっていきます。このことからやはり、面接重視の競争は続いていくと予想されるのです。

　でも、安心してください。私は大学のキャリアセンターを中心にコロナ禍によるインフレや円安といった経済不安の中、たくさんの学生さんたちと一緒に戦ってきた現役のキャリアコンサルタントです。留年していても、活動時期が遅くないかと感じている方でも、4年次前期の単位取得ができないと就活ができないと考えている方にも寄り添い、具体的な方策を実践してきました。そうです。あなたが今、抱えている不安を「まるごと」抱え、解決に導いてきたのです。本書は、あなたが具体的に「これから何をすればよいのか」にこだわっています。就活の常識といわれるものにもメスを入れ、その根拠と分かりやすさにこだわり抜いた内容です。大学生活での経験が乏しい、話すことがない。と感じているあなたにこそ手に取ってもらい、今抱えている不安をどうぞ、吹き飛ばしてください。

キャリコンリンク合同会社

代表　瀧本博史

第1章

Web面接・対面面接を受ける前に

第2章

面接官に"想い"を伝える! 話し方のコツとテクニック

第**3**章

あなたはどう答える? 面接でよく聞かれる質問集

目次

第4章

効果抜群! 内定に近づく面接対策

第5章

Web面接・対面面接お悩み相談

目次

[STAFF]

執筆協力　　　　　　　奈落一騎

イラスト　　　　　　　榊原ますみ（あーとすぺっく）

本文デザイン・DTP　　小澤都子（レンデデザイン）

装丁　　　　　　　　　杉原瑞枝

編集・制作　　　　　　ナイスク　https://naisg.com
　　　　　　　　　　　松尾里央・高作真紀・安藤沙帆・岩本敦也

[参考資料]

『オンライン就活は面接が9割』瀧本博史（著）（青春出版社）

『2025年度版 内定者はこう話した！面接・自己PR・志望動機【完全版】』坂本直文（著）（高橋書店）

『2025年度版 面接の教科書 これさえあれば』坂本直文（監修）（TAC出版）

『Web面接完全突破法』坪田まり子（著）（エクシア出版）

『2025年度版 受かる！伝わる！面接試験〈出るとこ〉対策』渡部幸（著）（高橋書店）

第1章

Web面接・対面面接を
受ける前に

就職活動とは? 面接とは?
就活生が避けては通れない面接。
基本的なことをおさえておけば、怖がる必要はありません。

就職活動の全体像を知る

就職活動は1年以上にわたる長丁場になる人もいます。年間スケジュールを把握しておきましょう。

3年生の6月からが就職活動の本番

　大学3年生の6月から就職活動はスタートです。早い企業では、この6月から9月にかけてサマー・インターンシップを実施します。また、10月から翌年の2月にかけて、オータム＆ウィンター・インターンシップを実施する企業もあります。

　希望する企業がインターンシップを実施していない場合、**6月から翌年2月にかけては、自分を知るための自己分析と、業界や企業を知るための仕事研究を進めておきます。** それから、その自己分析と仕事研究に基づいて、自分を売り込むためのポイントをまとめた自己PRと、なぜその会社に入りたいかをまとめた志望動機を作成し、エントリーシート（ES）の準備をします。

　3月1日から経団連参加企業の採用情報が解禁され、エントリー受付が始まります。企業説明会などに参加し、ESを希望企業に提出しましょう。ESが通過したら、3月から筆記試験を受験することになります。書類選考、筆記試験を通過すれば、いよいよ面接選考です。そして、最終面接に合格すれば内々定をもらえます。

　ただ、実際には、サマー・インターンシップ後の3年生の9月には内々定を出す企業もありますし、4年生の6月より前に面接を実施して内々定を出す企業も多くあります。また、通年採用を行う企業も年々増えてきています。

▶ 就職活動年間スケジュール

期間	活動内容
6月	**サマー・インターンシップ開始**　　**企業研究開始**
7月	
8月	自己分析、仕事研究、自己PRと志望動機の作成
9月	
10月	**オータム＆ウィンター・インターンシップ開始**
11月	［インターンシップで学べること］
12月	● 社会人として働く感覚　● 企業理解
1月	● 自己分析、就職活動への手がかり
2月	
3月	**エントリー受付・インターンシップ・選考**
4月	SPI、Webテスト、筆記試験、面接選考、テストセンター受験、ES提出、企業説明会
5月	**内々定**
6月	
7月	
8月	追加募集
9月	
10月	**内定式**

3年 / 4年

インターン参加者対象早期選考

選考と面接の流れ

書類審査、筆記試験を通過すると、面接という流れになります。
面接は段階ごとに企業の見ている部分が違います。

面接は平均3〜5回

　近年、就活生が初めて経験する面接はインターンシップの面接選考です。インターン選考は、気になる学生に目をつけておくことが目的です。いっぽう、本選考は自社の方向性に合う学生を採用することを目的としています。ここでは本選考の流れをおさえておきましょう。

　本選考の面接回数は企業にもよりますが、3〜5回程度が一般的。時間は1回あたり10分〜30分というケースが大半となっています。面接が全部で3回なら、一次面接の面接官は若手や係長級の社員、二次面接は課長級以上の管理職が複数、最終面接では役員や社長ということが一般的です。ただ、最近は2回の面接で選考する企業も出てきていますし、面接回数を減らすかわりに1時間以上かけた長時間面接をする企業もあります。近年は対面面接だけではなく、Web面接を取り入れる企業も増えてきています。

　面接官がチェックするポイントは選考ごとに変わってきます。一次面接では、面接を受ける態度や対人関係に問題はないかなどの社会人として基本的な部分。二次面接では、現場にいる社員と馴染めそうか、能力が仕事内容にマッチしているか、積極性があるかなど、より具体的に会社で働いてもらうことを想定したチェックがされます。そして、最終面接では、内定を出したら必ず入社するか、入社後の将来像を具体的にイメージできているかなどの確認が行われるのです。

面接から内定までの流れ

[パターン1]

一次面接
集団面接
↓
二次面接
グループディスカッション
↓
最終面接
個人面接
↓
内定

[パターン2]

一次面接
集団面接
↓
二次面接
個人面接
↓
三次面接
グループディスカッション
↓
最終面接
個人面接
↓
内定

[パターン3]

一次面接
集団面接
↓
二次面接
個人面接
↓
三次面接
個人面接
↓
最終面接
個人面接
↓
内定

[パターン4]

一次面接
Web面接（集団）
↓
二次面接
Web面接（個人）
↓
最終面接
個人面接
↓
内定

面接の種類と形式

面接の形式によって求められているものは異なります。それぞれの面接形式に合わせた対策をしましょう。

面接の３つの形式

　面接選考は、一次、二次、三次と進むに従い、その形式も変わってきます。面接の形式は、大きく分けて、「集団面接」、「個人面接」、「グループディスカッション」の３種類です。面接が全部で３回なら、一次面接は集団面接、二次面接は個人面接やグループディスカッション、三次面接は個人面接というのが一般的です。

　ただ、最近は一次面接で**対面での集団面接をするかわりにWeb面接や動画面接を導入**する企業も増えています。また、Web面接の次にいきなり、役員や社長と対面での最終個人面接というケースもあります。

　集団面接は、応募先企業のオフィスやレンタルスペースなどで行われることが多いです。受験者の数は２名以上の複数名、面接時間は15〜30分というのが一般的です。

　個人面接は、受験者１名と面接官によって行われます。時間は10〜30分というのが普通ですが、企業によってはしっかりと時間を取って１時間以上行うところもあります。

　グループディスカッションも、**応募先企業の会議室などで行われることが多いです。**複数の受験者を５〜10名のグループに分けて行います。時間は20〜60分で、グループごとに与えられたテーマについて話し合うスタイルが一般的です。いずれの形式も面接官の数は企業によって異なりますが、２〜５名程度が一般的です。

▶ 集団面接

　集団面接の進め方には、同じ質問に対して順番に答えていくものもあれば、それぞれの質問に対して順番を決めずに答えていくものもあります。ここで大事になってくるのは、他者の発言を聞く態度、短い時間で簡潔に話せるか、積極性（自主性）の3点です。

　Webでの集団面接の場合は、多くの人の顔が映るように設定しておき、他の人が話しているときに意識的にうなずきましょう。また「今、お話しされた○○さんがおっしゃっていたことに加えて、私は～」というように、他の人の話を踏まえて話をすると、話題が重ならず好印象です。

▶ 個人面接

　個人面接では、受験者の人間性や能力、知識、経験、適性などが判断されます。そのとき、気をつけたいのが、話す内容に一貫性があるかどうかです。例えば、長所と自己PRの内容が矛盾していた場合、面接官は就活生の本質を見ることが難しくなります。アピールしたい要素をひとつ決めておき、面接全体で一貫した内容を伝えることで、自分を強く印象づけることができます。

▶ グループディスカッション

　グループディスカッションでは、受験者の総合能力が判断されます。具体的には、コミュニケーション能力、積極性、参加態度、チームワーク、リーダーシップなどが見られています。グループ内で討論に勝つことは決して高評価には繋がらず、むしろ協調性の欠如と見なされやすいため、注意が必要です。

　Webの場合は、発言するタイミングが掴みにくいため、タイムキーパーよりもファシリテーターの方が発言量も増え、面接官にアピールしやすくなります。また、画面上に名前が表示されないツールの場合は、自己紹介の間に参加者の名前をメモしておきましょう。

面接の身だしなみチェック

就職活動における服装のルールはありませんが、見ためで違和感を与えないことも大切です。今のところ、もっとも多いスタイルを紹介します。

髪
暗めのカラーで前髪が眉にかからないようにしましょう。額を出すとフレッシュな印象に。

ネクタイ
スーツとの相性で選びましょう。落ち着いた色のスーツなら、明るめの色が好印象。

そで丈
ワイシャツのそで口が1cm程度出る長さがベスト。動きやすく、見ためもきれいです。

かばん
A4サイズが入る機能的なタイプにしましょう。色は黒が無難です。

すそ
立った際にかかとから1〜2cm上になるのが目安です。短すぎてもNG。

シャツ
白が基本。ボタンダウンシャツや淡い色のワイシャツでも問題ありません。

スーツ
黒、グレー、紺系のシングルが基本です。肩幅にぴったり合ったものを選びましょう。

くつ下
派手な色やくるぶし丈、肌が見えるタイプはNG。スーツや靴に合う黒、グレー、濃紺などを選びましょう。

くつ
黒か茶色が基本です。ひも付きのシンプルなデザインで、長時間履いても楽なものを。

髪

髪が長い場合は、耳と同じ高さかそれより下でまとめましょう。サイドに前髪を流す場合は、ピンで留めると幼い印象を与えるため、目につかない位置で留めましょう。

メイク

ファンデーションが必要な場合は地肌に近いもの。アイメイクは、ブラウンやベージュ系のナチュラルな色を選びましょう。

かばん

A4サイズが入る機能的なタイプがベスト。色は黒か茶色が無難です。

スカート・パンツ

スカートは丈に注意。座ってみて、サイズを確認しましょう。もちろん、パンツもOKです。

ブラウス

白が基本ですが、スーツと合う薄めのパステルカラーでも問題ありません。

スーツ

黒、グレー、紺系が基本。体に合った動きやすいものを選びましょう。

そで

ブラウスのそでは見えないものがよいでしょう。

ストッキング

ペールイエローなどの淡い色。または地肌より少し濃いめのものを選びましょう。予備も忘れずに。

くつ

シンプルな黒のパンプスが基本です。

コラム

「私服でお越しください」って!?

「私服でお越しください」と言われた場合、心配ならスーツにしておくのが無難でしょう。ですが、ジャケット＋シャツ＋パンツまたはスカートというオフィスカジュアルならば問題ありません。もちろん、ジーンズにTシャツなどはNG。「クールビズで」と言われたら、スーツの服装でジャケットを脱ぎ、ネクタイを外せばOKです。

対面面接での振る舞いの基本

対面面接では10分前に到着するようにします。待機場所での振る舞いも見られているという意識を持ちましょう。

1 ドアをノック

ノックを3回する。「どうぞ」と言われたら、「失礼します」と大きな声で挨拶する。

2 入室

背筋を伸ばし、きびきび入室する。面接官に笑顔でアイコンタクトを取る。

3 ドアを閉める

斜めの立ち位置でできれば両手で閉める。

4 一礼する

「よろしくお願いいたします」と大きな声で挨拶し、一礼する。

よろしくお願いいたします

5 席に向かう

「お座りください」と言われるまでは、椅子の横に立つ。カバンは椅子の横の床に置く。

6 着席

一礼し、着席。深く腰かけすぎずに、姿勢を正して座る。

7 面接終了

「面接を終わります」の言葉で終了したら、「ありがとうございました」とお礼を述べる。

8 起立

席を立ち、「失礼します」と挨拶して一礼する。

失礼します

9 ドアの前で一礼

面接官のほうに姿勢を正し、「失礼いたします」と再度挨拶し、一礼する。

失礼いたします

10 退室

入室時と同様の立ち位置でドアを開け、去り際には面接官に最後のアイコンタクトを取る。

Web面接・Web説明会ってどんな感じ?

オンライン上で行われるWeb面接への対策は、いまや就職活動を成功させるため必須となっています。

定着しつつあるWeb面接

コロナ禍をきっかけに、Web面接や、Web企業説明会を導入する企業が増加しました。特に大手企業では、採用の際に何らかの形でWebを活用している企業のほうが多いといっても過言ではないでしょう。

Web面接とは、オンライン上で行われる面接のことです。ツールとしては一般的に、Zoom、Google Meet、SkypeなどのWeb会議アプリケーションが使用されます。また、Web面接には、面接官に対して受験者1名のWeb個別面接と、受験者が複数名のWeb集団面接の2種類があります。

対面面接とWeb面接では、基本的な対策やマナーに違いはありませんが、Web面接特有の注意点もあります。特にWeb集団面接は、対面での集団面接よりも発言のタイミングや、他の受験者が話しているときの聞く態度に気をつかう必要があります。

Web面接を導入している企業の多くは、一次面接だけ、あるいは一次面接と二次面接がWeb面接で、それ以降は対面面接となっています。ただ、最終面接以外はWeb面接という企業もありますし、すべてWeb面接だけで終わる企業もないわけではありません。今後継続して、Web面接を実施する企業は増えると思われます。

▶「面接」と言われなくても気をつけよう!

　企業から面接と言われなくても、実質的には面接と変わらないこともあるので気をつけましょう。

　例えば、「社員への質問会」、「OB訪問」、「社員との交流会」、「社員との座談会」、「社員との面談」などには、「採用とは関係ありません」という但し書きがついていることがあります。

　ですが、それを真に受けてはいけません。もし、それが人事の開催するイベント（交流会）の場合、そこで人物評価が行われ、実際には面接になっていることがあるのです。**企業の人と接触するときは、すべて面接だと考えて臨みましょう。**

▶「ライブ配信型」と「録画配信型」のWeb説明会

　Web企業説明会は、オンライン上で行われる企業説明会のことです。これには、見逃しても後から見ることができる「録画配信型」とオンタイムで行う「ライブ配信型」があります。

　「録画配信型」の説明会は、担当者があらかじめ用意し、録画しておいた説明をネット上で好きな時間に自由に見ることができます。

　いっぽう、「ライブ配信型」の説明会では、企業側も受験者側もカメラとマイクをオンにして、コミュニケーションを取る場合があります。また、チャット機能だけを使って質問を集約し、あとから全部の質問に答えてくれるという形式もあります。

コラム

面談って何!?

　面接が進むなかで、企業側との面談が行われることがあります。面談は、面接と異なり、企業側が就活生と対等な立場で企業の魅力や働き方を伝えることで、就職後のミスマッチを防ぐことを目的としています。人事担当者との面談では、詳細な業務内容や、給与や休暇制度などの待遇の説明がされます。面談は、信頼関係を構築する場でもあるのです。

Web面接に使うもの

Web面接では、さまざまな機材を用意し、環境を整える必要があります。

直前で慌てないための機材・環境整備

　Web面接を受けるためには、まずネットに繋がる環境が必要です。機材としては、パソコンかスマートフォン、タブレットを用意します。ただ、スマートフォンやタブレットの場合、充電が切れてしまったり、通信が落ちてしまったりなどのトラブルが起きる危険性があるので、パソコンを有線LANで繋いだ状態で準備するのがベストです。ですが、スマートフォンやタブレットが絶対にダメというわけではありません。

　次に、企業からWeb面接の使用ツールとして指定されたZoomやSkypeなどのアプリケーションを事前にダウンロードしておきましょう。**過去にそれらのアプリケーションをダウンロードしてあった場合でも、最新版になっているかを確認してください**。最新版でないと、一部の機能が使えなかったり、接続時に不具合が起こったりすることがあります。

　また、どこでWeb面接を行うか、場所の選定も重要です。できるだけ雑音が入らない静かな環境を選びましょう。可能であれば、自宅の一人きりになれる部屋（自室）で行うのが理想です。カフェなどの場合、店内のBGMやお客さんの声がマイクに入ってしまうため、自分の声が面接官に聞こえづらくなってしまいます。自宅のネット環境などがあまりよくない場合は、天井まで仕切りがある完全個室タイプの会議室などのスペースを借りましょう。

▶ Web面接に備える三大機材

カメラ
パソコンにカメラがついていない場合や旧型で解像度が低い場合は、外付けのカメラが必要です。

三脚
スマートフォンを手で持つと画面が手ブレしてしまうので、三脚で固定しておきましょう。

ライト
顔色をよくして面接官に好印象を持ってもらうために、顔を明るく照らすライトもあるとよいでしょう。

▶ 自分の部屋でも場所選びが重要

　場所の選定も重要ですが、その部屋のなかでも、位置や環境が重要となってきます。表情を明るく保っていても、部屋が暗いと、表情も暗く見えてしまいます。以下の3点の工夫で、できるだけ明るく映るようにしましょう。

昼間でも照明をつける
外から差し込む光のせいで、部屋は明るいにもかかわらず、逆光になったり、日差しが眩しすぎたりして顔がはっきりと映らないことがあります。外からの光に頼らず、カーテンを閉めて、部屋の電気で明るさを調整しましょう。

端末の後ろにライトを設置する
セッティング場所によっては、顔に影ができることも。スタンドライトやスマートフォンのライトを使用して、顔を照らす方法もあります。

顔の下に白い布や画用紙を設置する
レフ板のかわりに膝の上に真っ白なハンカチを置くだけでも、光が反射して顔を明るく見せる効果があります。

Web面接の事前準備と流れ

Web面接は、対面面接と同様、話す内容を用意しておく他に、機材のセッティングなども必要です。

1 ログイン

企業から指定されたビデオ通話ツールを面接時間の10分前には起動し、ログインしておきましょう。

2 挨拶

事前に通知された面接開始時間を迎えたら、チャットなどで「準備ができました。本日はよろしくお願いいたします」と送り、こちらから通話を開始するのは避けましょう。

3 面接

企業から着信を受けたら、面接が始まります。対面面接と同じように、相手の質問をよく聞き、丁寧に答えましょう。

4 退室

面接が終わったら「ありがとうございました。それでは失礼いたします」とお礼を伝え、相手が切るのを待ってから、退室しましょう。

Web面接でも対面面接でも、スーツを着てネクタイを締めるのが基本です。前髪は額が出るくらいにかき上げておくと、表情が見えやすくなります。

前髪で顔が隠れていると、面接官に暗い印象を与えてしまいます。
また、シャツやネクタイが曲がっていると、だらしなく見えてしまいます。

Web面接では、メイクは普段より少し濃いめを意識すると、画面映りがよくなります。

前髪やサイドの髪で顔が隠れてしまうと、暗い印象になります。

コラム

チャットの使い方

　　オンラインツールのチャットは、挨拶だけではなく、トラブルが起こったときにも使えます。面接官の声が聞こえない場合、自分の声も相手に届いていない可能性があります。チャットでトラブルを伝えましょう。また、グループディスカッションの場合は、周りから出た意見を記録し、まとめるのにも使えます。

Web面接ならではの注意

画面越しだけでやりとりをするWeb面接では、対面のときとは違う注意も必要になってきます。

Web面接では「目線」が重要

　Web面接で重要になってくるのが「目線」の使い方です。対面の面接でしたら、面接官の表情を確認しながら話すことができますし、受験者も全身を使ってアピールすることができます。

　いっぽう、Web面接の場合、面接官は画面の上下や左右に小さく映っているだけなので、表情の変化はよく分かりません。また、受験者のほうも主に目線や表情で真剣さを伝える必要があります。ですから、カメラのレンズをしっかり見て、気持ちを込めて話すことが重要になってくるのです。

　カメラのレンズを見るべきか、画面に映っている面接官の顔を見るべきかで悩む人もいるかもしれません。**基本的にはカメラ目線を意識しましょう。一番よくないのは、画面とカメラの間でキョロキョロと視線を泳がせることです。**落ち着きのない印象を与えてしまいます。

　ちなみに、Web面接では、回線が繋がった瞬間が面接官にとっての第一印象になります。正式に面接が始まるまで無表情の受験者もいますが、それでは面接官の第一印象が悪くなってしまいます。顔が見えた瞬間から面接は始まっていることを意識し、カメラのレンズを見て、ハキハキと挨拶をしましょう。それだけで、そのあとのWeb面接がスムーズに進行します。待ちの姿勢はNGです。

▶ 姿勢が悪くなっていないか注意しよう！

　Web面接で目線の位置よりもカメラが下にある場合、面接官に対して上から目線になり、マイナスの印象を与えてしまいます。さらに、下向きの姿勢で面接を受けることになるので、自然と姿勢が悪くなりがちです。できれば**カメラの位置は自分の目線の高さに合わせるか、少し上から自分を映すように調整しましょう**。それが難しい場合は、画面上の自分の姿を見て、姿勢が悪くなっていないかときどきチェックしてください。

　また、上半身しか映らないからと気を抜いて、胡坐をかいて面接を受けると体が左右にふらふらしがちです。きちんと机と椅子を用意してから、Web面接に臨むようにしてください。

▶ スマートフォンはサイレントモードに

　パソコンでWeb面接をしている最中にスマートフォンの着信音やメッセージ音が何度も鳴ってしまうと、面接官はあなたが面接に集中していないか、準備不足という判断をします。Web面接の前には必ず、スマートフォンをサイレントモードやマナーモードにするのを忘れないようにしましょう。もちろん、サイレントモードやマナーモードにしたからといって、スマートフォンに来たメッセージをちらちら見るのも禁物です。電源を切るか、機内モードに設定しておいてもよいでしょう。

　それ以外にも、Web面接中に騒音や生活音が入ったり、部屋に別の人がいる気配があったりするとマイナス評価に繋がります。もし宅配便が来る可能性がある場合は、あらかじめ時間指定をするなどの対処をしましょう。Web面接を受ける際には、一人きりになれる静かな空間を確保してください。

慌てないWeb面接トラブルの切り抜け方

音が途切れる、画面が止まるなどWeb面接特有のトラブルが
発生したときも、焦らず対処しましょう。

Web面接でよくある音声トラブル

　どんなに細心の注意を払って準備をしていても、Web面接では機材トラブルが発生してしまうことがあります。もしトラブルが発生したときは、**焦らず、面接官の言葉をさえぎっても構わないので、問題が発生していることをすぐに伝えましょう。**

　Web面接のトラブルで一番よく起きるのが、音声トラブルです。例えば、話の途中で音声が途切れて、相手の話が聞きづらくなってしまうことがあります。

　そんなときは、「申し訳ございません。通信の状態が悪く、よく聞き取れなかったのですが、もう一度○○のあとからおっしゃっていただけますか」とお願いするのがベストです。その際、「○○のあとから」と、具体的にどこから音声が聞こえなくなったかを伝えます。

　音が小さくてよく聞き取れないというトラブルもあります。このときは「申し訳ございません。音が小さいようなので、私のほうの音量を調整してみてもよろしいでしょうか」と、はっきり伝えましょう。自分のパソコンやスマートフォンの音量を調整することで問題が解消されることもありますし、それで解消しなければ、面接官側の環境に問題がある可能性もあるので、先方でマイクの調整や少し声を大きくするなどの工夫をしてもらえるはずです。

画面が突然止まった!

　Web面接中に突然、映像が完全に止まってしまうこともあります。その際は「申し訳ございません。ビデオが止まってしまったので、一旦退出して、もう一度入り直したほうがよろしいでしょうか」と提案してみましょう。

　また、面接官側の音声がまったく聞こえなくなるというトラブルもあります。Web面接の際には必ず手元に携帯電話を用意しておいて、そのようなトラブルが発生したら、**先方の緊急連絡先に電話をかけるか、チャット**などで指示を仰いでください。

　面接官はWeb面接に慣れている人が多いので、通信環境などのトラブルがマイナス評価になることはありません。冷静に対処しましょう。

自分の発言に相手の反応があまりない

　面接官の質問に答えたのに反応があまりないと、音声トラブルが発生して自分の声が届いていないのか、それとも自分の答え方が悪かったのか、判断に迷ってしまうものです。

　ですが、音声トラブルだった場合、待っている時間がムダになりますので、思い切って**「オンラインのため伝わりにくかった点もあるかもしれませんが、いかがでしょうか」**と自分から面接官のリアクションを促してみましょう。音声トラブルでなければ、何らかの反応があります。

　トラブルが発生したときも、トラブルかどうか悩んだときも、すぐに相手に伝えるというのがWeb面接の基本です。

面接の心構えの基本

面接を難しく考えすぎる必要はありません。基本的なことさえおさえていれば大丈夫です。

気持ちを込めて話そう

　面接では、論理的に話を組み立て、それを流暢に話せるのがよいと思われがちですが、そうとは限りません。もちろん、「結論」から話すことは重要ですし、要領を得ず、ダラダラと長く話すのは禁物です。ですが、**論理的に流暢に話すよりも、気持ちを込めて話したほうが面接官には好印象を持ってもらえます**。言葉に気持ちを込めるだけでなく、表情や態度にも込めましょう。そうすれば、面接官は熱意を感じて、「この受験者と一緒に働きたい。この受験者を採用したい」と思ってくれるはずです。就職活動では能力や経歴なども大切ですが、それ以上に面接官や会社が「この人と一緒に働きたい」と思うことが、一番の決め手となります。

　また、気持ちを込めて話そうとすれば、自然とハキハキとした話し方になりますし、重要なキーワードも力強く発声されることになります。結果的に、そちらのほうが面接官に自分が伝えたいことがしっかりと伝わるのです。
　熱意を伝える上では、アイコンタクトも大切です。質問に答えるときには、面接官としっかりアイコンタクトを取りましょう。目には気持ちの変化が表れやすく、相手も敏感に感じ取ることができるので、熱意が伝わります。

▶ しっかりと準備をしよう

　面接で一番よくないのは、「あんな話をすればよかった」、「これも言えばよかった」と、後悔することです。結果が不合格だったとしても、自分が全力を出し切ったと思えれば、次の面接に向かう意欲が湧いてきます。

　後悔のない面接にするために大切なのは準備です。**ESをきちんと見直して、ポイントを整理しておきましょう**。必ず聞かれる質問はある程度決まっています。志望動機や自己PR、学生時代に力を入れたことは、ESに書いてあることを見直し、会社の求めている人物像に近づくエピソードなどを用意しておきましょう。また、「何か質問はありますか？」と逆質問を求められることもあります。入社後のことをイメージした質問を考えておくとよいでしょう。

　また、その企業のWebサイトやIR情報などもチェックして、入念に企業研究をしておく必要があります。その他、新聞に掲載されている志望企業、志望業界に関する記事を継続的にスクラップしておくことも効果的です。

▶ 決めすぎないで臨機応変に

　準備をしっかりするのはよいことですが、それにとらわれすぎて、「絶対にこれとこれを、この順番で話そう」などと決めすぎてしまうのは問題です。あまりにも話の展開を固めすぎてしまうと、面接官から思いがけない質問をされたときにパニックになってしまい、そのあとの話がうまくできなくなってしまいます。

　ですから、**重要なキーワードをいくつか頭に留めておき、あとは話全体の大まかな構成だけを考えて面接に臨むのがよいでしょう**。そうすれば、話が想定外の展開をみせても焦らずにすみます。面接ですから緊張感は必要ですが、基本は人と人の対話です。臨機応変に対応しながら、会話が盛り上がるように心配りをしましょう。

Web面接・対面面接で気をつけること

基本は人と人との対話とはいえ、少し気をつけるだけで得をするポイントがいくつかあります。

第一印象が大事

　第一印象は人の評価の大部分を占めるといわれています。長くつき合っていけば、その第一印象が変わることもありますが、面接は短時間での勝負です。第一印象で好感を与えられるよう、身なりはもちろん、入室から退出まで気を抜かないようにしましょう。

面接官が聞いてから答える

　面接では積極的に自己PRをしたくなるものですが、面接官に質問されるのをきちんと待ちましょう。面接は、あくまで面接官が主導するものなので、面接官の質問に受験者が答えるという順番で進みます。いくら伝えたいことがたくさんあっても、質問されていないことを勝手に話すのは禁物です。

大きい声で堂々と話す

　話の「内容」に加えて、「話し方」で相手の受ける印象は大きく変わります。ですから、面接では何より、大きい声で堂々と話すことを意識しましょう。また、面接官に質問されたときは、歯切れよく返事をすることも大切です。

▶ 知ったかぶりをしない

　勉強不足や知識不足のため、面接官の質問に答えられないこともあるでしょう。そんなときは、絶対に知ったかぶりをしてはいけません。正直に「大変申し訳ありません。勉強不足で正確に返答できないので、次回の面接までに調べておきます」と言ってください。そのほうが、却って相手に好印象を与えることもあります。

▶ うまくやろうとしすぎない

　面接をあまりうまくやろうとしすぎると、余計に緊張し、失敗しがちです。合格、不合格はひとまず置いておき、**自分が納得いくだけの準備をし、全力でぶつかるのを基本姿勢にしましょう**。よい企業は、そういったあなたの姿勢をきちんと見ています。

▶ マニュアルを意識しすぎない

　この本では、理想的なエピソードや話し方といったアドバイスを数多くお伝えします。ですが、あまりそれを意識しすぎないことも大切です。採用側はあなたがマニュアルを卒なくこなせるかよりも、あなたの人格や能力が見たいのです。ですから、表面を取りつくろうのではなく、できるだけ自分の言葉で自分のことを率直に伝えるようにしましょう。

▶ マニュアルを外しすぎない

　マニュアルを意識しすぎないといっても、完全にマニュアルを無視するのも問題です。基本的なマナーや、就職活動に適した話題などはおのずと決まってきます。個性をアピールするべきところと、そうでないところは区別しておく必要があります。（→P164）

▶ 体験に基づいた話をする

　面接で話をするときは、どこからか持ってきた「イイ話」ではなく、あなた自身の体験に基づいた話をするようにしましょう。あなたの体験はあなただけのものですので、必然的に型どおりではない個性が発揮された話になるはずです。

▶ ストーリーを創ろう

　たとえ自分自身が実際に体験したエピソードであっても、その「事実」だけをバラバラに話しても相手には伝わりません。ですから、子どものときの体験が、高校でこの体験に繋がり、それが大学でこの行動に繋がったというように、ひと繋がりのストーリーとして話せることが理想です。

▶ 自分と会社のストーリーを繋げる

　過去から現在に至る自分の体験をストーリーとして繋げた上で、「だからこの会社に入りたいと思った」や「入社後はこういうことがしたい」と未来の話も語れるようにしましょう。つまり、自分と会社のストーリーを繋げるのです。

▶ Webと対面の落差に気をつける

　Web面接と対面面接で気をつけるポイントは、それほど違いません。ただ、画面越しで会ったときとリアルで会ったときの落差を相手に与えないように気をつけましょう。例えば、画面越しではハキハキと大きな声で話せていたが、実際会ってみるとそうではなかったなどという場合、マイナスイメージを与えてしまいます。

Web面接で話すときの注意点

　Web面接では全体の空気感や状況を掴みにくいため、相手に話が伝わっているかどうかが分からないまま、面接が進んでしまうこともあります。自分が伝えたいことをきちんと伝えられるよう、以下のポイントを意識して話してみてください。

☐ 第一声は「ファ」のトーンを意識

☐ 口角を上げる

☐ 鎖骨の高さを上に10cm引き上げるイメージで背筋を伸ばす

☐ 相手の発言が終わって、ひと呼吸置いてから話し始める

☐ 単語の語尾まで丁寧に発音する

☐ 話し終わりは「以上です」

対面面接で話すときの注意点

　対面では、表情や声の大きさなどが、話す内容よりも重要になってくることがあります。好印象を持たれる話し方を意識しましょう。

☐ 第一声は「ソ」のトーンを意識

☐ 身振り手振りは、重要なシーンのみ

☐ 質問には端的に答えて、会話のキャッチボールを重ねる

☐ あいづちは「なるほど」「そうなんですね」など、バリエーション豊かに

☐ テンポ、声の大きさ、トーンを相手に合わせる

グループディスカッションってどんな感じ?

複数の受験者が与えられたテーマに挑み、そのプロセスを審査されるのがグループディスカッションです。

協力して与えられたテーマに取り組む

　典型的なグループディスカッションは、大勢の受験者を5〜10名程度のグループごとに分け、それぞれに何かテーマを与えて、20〜60分間程度話し合わせるものです。

　グループディスカッションではなく、グループワークと呼ばれることもあります。企業ごとに呼び名が異なることもあり、明確な定義づけはありません。どちらも、複数の受験者が与えられたテーマに対してチームで挑み、そのプロセスを人事担当者が審査する集団選考と考えておくとよいでしょう。

　与えられるテーマは、例えば建設業界なら「建設業の今後の見通し」など、所属する業界や自社に関するものもありますし、「地域活性化」、「少子高齢化」などの時事問題を扱うこともあります。

　そんなグループディスカッションでは、通常1グループにつき、合格者は1〜3名程度です。しかし、すぐれた内容のディスカッションを行ったグループからは合格者がたくさん出て、逆に盛り上がりに欠けたグループからは合格者がひとりも出ないということもあります。

▶ グループディスカッションの４タイプ

グループディスカッションには、大きく分けて次の４つの形式があります。

①意見発表型

　話し合い後に各グループが２〜３分ずつ意見を発表し合う最も多い形式

②話し合い型

　テーマを与えられ、話し合いをする形式

③ディベート型

　あるテーマに関して、あらかじめ否定派、肯定派に分けられ討論する形式

④ワーク型

　グループ全体に課題が与えられ、全員でそれを達成する形式

▶ グループディスカッションの一般的な流れ

一般的にグループディスカッションは次のような流れになります。

❶ 企業からテーマや時間、ルールなどが伝えられる

↓

❷ 自己紹介をする。学校名や氏名などを伝え、簡単な挨拶をする

↓

❸ 役割（司会、書記、タイムキーパーなど）やタイムスケジュールを決める

↓

 それぞれの意見を出し合ったり、共同作業を行ったり、ディスカッション（ワーク）を行う

↓

❺ グループとしての意見をまとめる（成果物がある場合は、成果物の制作）

↓

❻ 発表する

グループディスカッションで気をつけること

グループディスカッションは討論会ではないので、議論に勝つ必要はありませんし、話が苦手な人でも活躍できます。

討論の勝者が合格者ではない

　グループディスカッションで注意しなければならないのは、討論に勝った人が合格者ではない、ということです。目の前の討論に熱中しすぎて、自分の意見を強引に押し通そうとしたり、他の受験者の意見を攻撃的な態度で否定したりしてしまう人もいますが、面接官はそのような人に低い評価を与えます。

　企業がグループディスカッションを行うのは、その受験者が会社に入社したとき、社内でチームとしてきちんと働けるかを判断するため。つまり、実務能力が見られているのです。

　具体的には、**組織のなかでの積極性・貢献性、コミュニケーション能力、協調性、リーダーシップ力などがチェックされています。**

　自己主張が強すぎたり、攻撃的な態度で他人を批判したりする人は、コミュニケーション能力や協調性に欠けると見なされ、評価されないのです。誰もそんな人と一緒に働きたいとは思わないでしょう。

　ですから、グループディスカッションでは、グループで行っているということを決して忘れることなく、積極性と協調性のバランスを取りながら取り組んでください。たとえ、討論で負けたとしても、面接官がグループ全体の話し合いが盛り上がっていたと判断してくれれば、合格することはよくあります。

3つの役割が重要

　グループディスカッションで面接官の高評価を得やすいポジションは次の3つです。

　1つ目は、具体的な意見やデータに基づいた意見、有益なアイデアなどを積極的に発言する「**軸になる意見発言者**」。

　2つ目は、議論の要点や対立する意見の相違点などをメモし、議論を的確にまとめて、流れを最適化することのできる「**まとめ上手書記**」。

　3つ目は、自ら司会を務め、全員の意見を引き出して盛り上げて、ディスカッションを活性化させる「**盛り上げ上手司会者**」。どれかのポジションにつくよう、積極的に動きましょう。

高評価に繋がりやすい意見

　討論でどんな意見を述べるべきか迷ったら、その志望企業の社員だったらどのように考えるか、あるいは、どのような解決策がその志望企業にとってビジネスチャンスに繋がるのかを考えてみるとよいかもしれません。つまり、志望企業の社員の視点でテーマを見てみるのです。

　視点が変われば、おのずと意見も変わってくるでしょう。そして、学生の視点での意見よりも、一歩進んだ社会人の視点で意見を言うことができれば、面接官の高評価に繋がります。

　ただし、付け焼刃は逆効果ですので、事前の企業研究などは入念にしておきましょう。

Q&A

攻撃してくる人にはどう対処する？

　討論に勝つことが目的でないのに、他人に攻撃的な人がグループにいることがあります。攻撃的な人に攻撃で返せば、あなたの評価も下がってしまいます。笑顔で受け止めながら、「まだ発言していないAさんとBさんの意見も聞いてみましょうよ」など、意見をまとめることがグループディスカッションの目的であることをそれとなく伝えましょう。

▶ こんな人は低評価

　議論の流れや他の受験者の意見を無視して、自己主張を繰り返す人。他者の意見に難癖をつけて、強引に潰そうとする人。反論されるとムッとした表情になり、不快感をあらわにする人。感情的になって意見を戦わせる人。他の受験者を無理やり黙らせて、自分が発言する人。

　こういった人はグループディスカッションで落とされてしまいます。

　普通のコミュニケーションと同じように、他者に配慮できる人が高く評価されるのです。

▶ しゃべりが苦手でも大丈夫

　グループディスカッションというと、しゃべりが苦手だと高い評価をもらえないと思ってしまうかもしれませんが、そんなことはありません。

　そういう人は、自分から書記、まとめ役、タイムキーパーなどに立候補しましょう。それらもグループディスカッションを成功させるために欠かせない役割で、うまくできれば高評価に繋がります。あるいは、誰かの意見に賛成して議論を盛り上げたり、質問したりすることで議論を深める役割も面接官は評価してくれます。

　グループディスカッションで大切なのは**話のうまさではなく、どれだけグループ全体の議論が活性化されるか**なのです。

コラム
困ったときに使えるディスカッションフレーズ集

- **発言が少ない人**：○○のような意見が出ましたが、Aさんもご賛同いただけますか？
- **話の流れがずれていく人**：なるほど、そういう意見もありますね。○○（議論の内容）という観点での意見もありますか？
- **すべて意見を否定する人**：Bさんから指摘いただいた点も踏まえ、改善点も話し合っていきましょう。

▶ 苦手なテーマだったら

　グループディスカッションで与えられるテーマは多岐にわたるため、どうしても自分が不得意なテーマが出ることもあります。ですが、グループディスカッションでは、テーマに関する知識の量で合否が決まるわけではありません。

　不得意分野のテーマに当たってしまったら、**他の受験者のよい意見に自分の考えをつけ加えたり、他者の分かりにくい発言に説明を求め、分かりやすくしたりする形で、討論に参加しましょう**。また司会役として進行に徹するのも、よい方法です。

　そういった発言や行動も、面接官はグループの議論を活性化したと判断し、高評価を与えてくれます。

▶ Webでのディスカッションもある？

　Webでグループディスカッションを実施する企業も増えています。15ページで簡単に紹介しましたが、ここでは対面との違いや注意点について紹介します。

　Webでは、1グループが3〜5人、20〜30分程度話し合うことが多く、対面よりも1グループあたりの人数、時間が少なくなっています。

　グループディスカッションの目的は、Webでも対面でも変わらず、正解のない問いに対して、チーム全員で協力し、議論をすることです。そのため、面接官の評価ポイントも変わることはありません。Web上でのコミュニケーションだと、意見がきちんと伝わるか不安に思う人もいるかもしれませんが、面接官は議論の一部始終やチャットのやりとりを通して、就活生の特徴を理解し、しっかり評価しています。

　Webだと空気が読みにくいため、話すタイミングが難しいのも事実です。したがって、ディスカッションが始まる前に、発言順や挙手をしてから発言するなど、画面越しでも分かりやすいルールを決めておくとよいでしょう。

動画面接ってどんな感じ?

近年増えている動画面接。限られた時間の中で話す必要があるため、Web面接とは異なる対策が必要です。

短い時間の中に要点をまとめる

　一般的な動画面接は、自己PRや志望動機などの事前に与えられた課題についての回答を受験者自身で録画・撮影し、提出するものです。最近、選考の序盤で取り入れられることが増えています。また、集団面接のかわりに用いられることもあります。

　ESと同時に提出を求める企業も多く、書類からは分からない受験者の人柄や雰囲気を、面接で直接会う前に知ろうとしていると考えられます。今後も、コミュニケーション能力を重視する業界を中心に動画面接を導入する企業は増えてくるでしょう。

　録画での面接となるため、納得のいくまで何回も撮り直しすることができる場合もあり、対面の場合よりも本来の自分の力を発揮しやすい傾向にあります。その一方で、時間が規定されているため、短い時間の中で伝えたいことを端的に伝えなければならない独自の難しさもあります。

　代表的な課題として、「自己紹介」、「自己PR」、「学生時代に力を入れたこと」、「志望動機」が挙げられます。いずれも**30秒〜1分、2分程度での回答が求められるケースが多く、短い時間の中でいかに要点をまとめられるのかが重要になってきます。**伝えたいことを絞り、簡潔にまとめることが大切です。

▶ 動画面接の2タイプ

動画面接には、大きく分けて次の2つの形式があります。

①撮影・録画型

あらかじめ提示されている質問に対して、回答を述べている場面を撮影する形式。時間制限が設けられており、質問によっては3分程度の回答が求められることもあります。

②オンデマンド回答型

質問内容が伏せられたまま録画がスタートし、普通の面接のようにその場で質問が提示される形式。事前に回答を固めておくことができないため、普通のWeb面接と同じようなものだと考えてもよいでしょう。

▶ 動画面接で気をつけること

動画面接は、Web面接とは異なり、**面接官の対応を確認しながら話すことができないため、面接官を飽きさせないためにも、伝えたいことを動画の冒頭で簡潔に**伝えたうえで、面接官が聞き直さなくてもよい丁寧ではっきりした声を心がけましょう。また、一度見ただけですべてが伝わるよう、紙芝居形式にしてビジュアルで訴えかけるのも効果的です。言葉だけでなく、表情や身振り手振りなども評価対象と考えましょう。さらに、複数の面接官が動画を共有して選考する場合があるので、自分が意図している通りに表現できているか、複数の人にチェックしてもらってから撮影を始めるとよいでしょう。また、録画開始から2秒経ってから話し始めるときれいに録画できます。納得がいくまで、撮影を繰り返しましょう。

面接前のピンチの切り抜け方

遅刻やダブルブッキング、体調不良など、大事な面接前にピンチが訪れることも……。でも、心配ありません。

遅刻しそうなときの対応が明暗を分ける

　就活ピーク時には同日に2社以上の面接が入ることも珍しくありません。その結果、前の会社での面接が大幅に伸び、次の会社との面接に遅刻してしまうこともあります。他にも、寝坊や交通機関の乱れ、電車の乗り過ごし、道に迷うなどの理由で遅れてしまうことがあるかもしれません。しかし、遅刻してしまったからといって、それだけで落ちると決まったわけではありません。対処の仕方によっては、先方の企業に好印象を与えることもあります。

　まず、遅刻しそうになったり、実際に遅刻したりしてしまったのに、連絡をしない、謝罪もしないというのは絶対にNGです。

　遅刻しそうになったら、まず人事に電話で連絡を入れましょう。このとき、遅刻の理由が寝坊や迷子だとしても正直に伝えてください。メールは相手に気づかれない可能性があります。そして、**迷惑をかけたことを謝罪し、どのくらい遅れそうかを伝え、相手の指示を仰いでください。**会社に到着したら、対応してくださった人事の方に謝罪と感謝の言葉をしっかり伝えます。面接が終了し、帰るときも再度、同じように謝罪と感謝の言葉を伝えましょう。帰宅後はすぐにお礼の手紙を書き、速達で送ります。

　ここまできちんとできれば、採用担当者の高評価に繋がることもあります。遅刻というピンチがチャンスになるのです。

▶ ダブルブッキングになってしまった!

　第一志望の企業から突然連絡が入り、面接がダブルブッキングに
なってしまった。でも、先約を入れていた第二志望の面接も受けたい
……。就職活動では、このようなケースもよくあります。

　そんなときは、第二志望の企業に面接の日付の変更をお願いしてみ
るのも手です。断られてしまうこともありますが、絶対に受けつけて
くれないとは限りません。その際、必ず電話で伝えること。メールで
は先方に日付変更の要望が伝わったかの判断ができません。

　また、キャンセルの理由は正直に言ってはいけません。学校のゼミ
や行事の都合、家庭の事情などと言うことにしましょう。

▶ 面接の当日に風邪をひいてしまった!

　長期間にわたる就職活動ではどんなに注意をしていても風邪をひい
てしまうことはあります。大事な面接の前日に風邪をひくと焦ってし
まうかもしれませんが、それほど心配することはありません。

　声が枯れたり、たまに咳が出たりするくらいの軽症でしたら、Web
面接では最初に「風邪の影響でのどの調子が悪く、聞き苦しくて申し
訳ありません」と伝えれば、体調不良でも頑張っていると高評価に繋
がることがあります。

　当然、重症のときは他の受験者や面接官にも迷惑をかけてしまうので、
絶対に無理はせず、人事に電話をかけて日程の変更を相談しましょう。

コラム
──────
スケジュールの組み方

　選考が進んでくると、面接が連続する場合があります。面接の時間が
前後する可能性もあるので、1〜2時間は間をあけてゆとりのある予定を
組みましょう。また、日程提示の際は、直近2週間以内で希望日を3〜4
日、時間は2時間以上提示しましょう。面接は、経験をすれば上達するも
の。志望度の高い企業は、後半に組み、自信をつけてから臨んでください。

知っておきたい!

電話のかけ方 〜ルールとマナー〜

面接や企業説明会の日程連絡、OB・OG訪問など……。
就活中は、企業に電話をかける機会が増えます。
ここでは、おさえておきたい電話のかけ方のルールとマナーを紹介します。

1 台本を用意する

慣れないうちは、依頼や質問の内容を書き出しておき、それを見ながら話すようにしましょう。緊張で内容がとんでも安心です。

2 始業と終業は避ける

始業直後、終業間近は相手が忙しい可能性が高いので控えましょう。企業によりますが、10時〜12時、14時〜16時は、比較的業務が落ち着いています。

3 筆記用具を用意しておく

重要事項を忘れないために、メモ用紙やスケジュール帳、ペンは必ず用意しておきましょう。

4 電波がよく、静かな環境でかける

電波が悪いと音声が途中で切れたり、ノイズが入ったりと、双方が聞き取りにくい状況になってしまいます。また、電波がよくても、店内や道路脇など、周囲が騒がしい場所から電話をかけるのはマナー違反です。店内にいるときに電話がかかってきた場合は、静かな場所に移動することを伝え、移動してから急いでかけ直すようにしましょう。

5 はっきりと話す

聞き取りやすいようにはっきりと話すのも、電話をかけるときのマナーです。オンラインツールと同様、電話越しだと対面で話すよりも、音声は聞き取りにくくなります。また、小声で話すと自信がない印象を与えてしまいます。

第2章

面接官に"想い"を伝える！
話し方のコツと
テクニック

面接は、コツとテクニックをおさえれば、乗り越えられるもの。
内定に近づくための方法を紹介します。

面接を乗り越える コツとテクニック

多くの人が緊張してしまう面接。4つのコツと、5つのテクニックをおさえておきましょう。

熱意と誠意を伝えるために

　面接は、就職活動において避けられないことですが、日常であまり体験することではないため、初めは多くの人が戸惑います。

　ですが、臆することはありません。面接には、いくつかコツとテクニックがあり、これらをおさえることができれば、格段に面接を通過しやすくなります。もちろん、あなたの能力や志望動機が企業に認められなければ、内定を取ることはできませんが、きちんと準備さえすれば、面接を怖がる必要はありません。

　企業は、選考で就活生を落とすために面接をしているのではありません。一緒に働ける人を探しているのです。ですから、面接官は敵ではありませんし、熱意と誠意が伝わり、企業の求めている人物像と合致していれば、内定を取ることはできます。その**熱意と誠意を、いかに面接官に伝えるか、伝わるかが面接を乗り越えるポイント**です。

　Web面接で対面面接と同じようなコツやテクニックが通用するか、不安な人もいるかもしれませんが、基本的にWebでも対面でも、企業が見るポイントは変わりません。

▶ 面接を乗り越える4つのコツ

7つの方法で
緊張を解く

→ P50

他者との違いを
意識する

→ P54

質疑応答は
的確に

→ P56

面接練習で
差をつける

→ P58

▶ 面接を乗り越える5つのテクニック

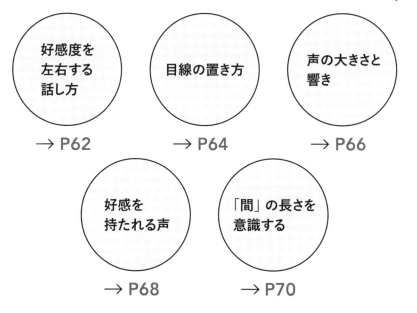

好感度を
左右する
話し方

→ P62

目線の置き方

→ P64

声の大きさと
響き

→ P66

好感を
持たれる声

→ P68

「間」の長さを
意識する

→ P70

面接で緊張を解く7つの方法

面接で緊張してしまう人はたくさんいます。ですが、緊張を解く
方法を知っていれば、もう怖くありません。

❶ とにかく場数を踏む

　面接官はあなたのことをよく知りたいと思って、色々と向こうから
聞いてくれます。ですから、そんなに身構える必要はないのですが、
いくら緊張しなくてよいといっても友だちや家族と話をするのとはや
はり違いますから、初めのうちは緊張して当然でしょう。

　緊張してしまう原因は人によっても違いますが、どのような理由で
緊張するにしろ、一番の解決策は、とにかく場数を踏んで慣れること
です。

　最初に受けた企業の面接では多くの人が緊張するでしょう。ですが、
2回、3回と面接の経験を重ねるうちに、たいていの人は自然と緊張
しなくなっていきます。また、応募先企業での面接だけでなく、友達
同士やゼミ、キャリアセンターなどで面接の練習を繰り返すのも効果
的です。もちろん、単に場数を踏むだけではなく、失敗したと思った
ら、どこが悪かったのかきちんと分析しなければなりません。その反
省を次の面接に活かすことができれば、次第に面接に自信がつき、緊
張もしなくなってきます。

　**また、そもそも面接官からすれば、緊張しているからマイナスとい
うことはありません。**むしろ緊張感がまったくないほうがマイナス評
価に繋がりがちです。そう思えば、少しは緊張もほぐれるでしょう。

❷ うまくやろうとしすぎない

　**人が緊張する原因で一番多いのは、実力以上に自分をよく見せよう
とすることです。**ですが、じつは面接官は、あなたが「すぐれた能力
を持った人か」ということよりも、この人がうちの会社にふさわしい
のかどうか、「会社との相性」を重視して見ています。

　ですから、面接官によく思われたいと考えて無理に模範的な答えを
出そうとするよりも、ありのままの自分で、全力でぶつかることを優
先してください。そのほうがよい結果に結びつくことも多いのです。

❸ 人と比べない

　集団面接などで、前の人が立派な経歴をアピールしたり、志望動機
を説得力を持って話したりするのを聞いてしまうと、焦り、緊張する
ものです。ですが、どんなに素晴らしい経歴や志望動機でも、「うち
の会社と合わない」と思われたら、落とされてしまいます。**面接官に
自分がどういう人間なのかを伝えることだけに集中しましょう。**

　また、友達やゼミの仲間が先に内定を決めると焦りがちですが、そ
ういうときも人と比べず、「人は人、自分は自分」と思ってください。

❹ ゆっくり息を吐く

　シンプルですが、自分が緊張していると思ったら、「ふーっ」とゆっ
くり伸ばすように息を吐いてみましょう。

　面接会場に入る前に、首→手首→足首の順番でゆっくり回し、体を
ほぐしてから入室するのも効果的です。また、手の平を顔に当てて筋
肉を温めたり、口角を上げるなどの顔のマッサージをしたりしておく
と、なめらかに話せます。面接の最中でしたら、こっそり靴のなかで
足の指を曲げたり、伸ばしたりするのもオススメです。

❺ 早めに面接会場に行く

　面接会場に、指定された時刻よりも少し早めに行くと心にゆとりができ、緊張を解きほぐすことに役立ちます。また、そこにいる面接とは直接関係のない社員の人に質問してみると、面接のウォーミングアップになって、きっと緊張がほぐれるはずです。

　待合室でじっと待つのも、あれこれ考えて余計に緊張が高まる原因になるので、隣の人に挨拶してみるのも効果的です。

❻ 原稿に書いてみる

　話したいことを原稿に書き出して準備してみるのも、緊張を解くひとつの方法です。**あらかじめ原稿に書いておけば、頭のなかが整理され、自分にピッタリの言葉を探し出しておくことができます。**また、おおよその話す順番も考えておけるので、本番で話が迷走したり、ムダに長引いたりするのを防ぐこともできます。

　ただ、面接官から想定外の質問をされたときに慌ててしまいますので、原稿は自分の伝えたいことを整理するためと割り切りましょう。

❼ プラスのイメージを持つ

　「失敗したらどうしよう」と考えるよりも、「きっと、うまくいく」とプラスのイメージを持っていたほうが、よい結果に結びつきやすいものです。これは、人は事前に自分がイメージしていた方向に無意識に行動してしまう傾向があるためです。ですから、**面接の前には、面接官と楽しく充実した会話をしている自分を強くイメージしてください。**

　また、プラスのイメージを持つためには、自分の成功体験を思い返すことも役立ちます。うまくいったことを思い出して、「あのときやれたのだから、今日も大丈夫」と自分に言い聞かせましょう。

▶ 面接前の準備 チェックリスト

質問対策

☐ 企業の分析（事業内容、規模、沿革、強みなど）に不足はないか

☐ 希望する企業・職種に合った自己PRか

☐ 志望理由と自己PRなどの矛盾はないか

☐ 面接のマナーを確認したか

☐ 逆質問を用意したか

☐ 面接練習は行ったか

身だしなみ

☐ スーツにシワはないか（ズボンにプレスがかかっているか）

☐ シャツにアイロンがかかっているか

☐ えりやそで、すそに汚れはないか

☐ ストッキングは伝線していないか

☐ 汗やテカリは問題ないか

☐ 髪型は乱れていないか

☐ 携帯電話の電源はオフにしたか

他者と自分の違いを明確にして話す

面接の場で、自分が他の就活生とはどう違うのかをアピールすることは、それほど難しくはありません。

体験に基づいたストーリーを話そう

　企業は、大勢いる就活生のなかから限られた少数の人だけを選びます。ですから、他の就活生と自分がどれだけ違うかを強くアピールする必要があります。特に面接では、他の人とは違う、自分の経験や個性を他の人と差別化して話すことが大切です。

　これは、そんなに難しいことではありません。自分が実際に体験したことに基づいて話せばよいだけなのです。**あなたの体験は、あなただけのものですから、体験に基づいて話せば、それだけで他の人との差別化になります。**

　もちろん、あなたと同じ体験をしたことのある就活生もいるでしょう。例えば、高校時代に野球部で頑張ったという体験をした人が同じ企業を受けているなかに何人かいることはあり得ます。ですが、その人たちが中学でも大学でも、あなたと同じ体験をしている確率はかなり低いはずです。また、もしまったく同じ体験をしてきた人がいたとしても問題ありません。その体験をしたことで、どのような思いを抱いたのかは人によって違うからです。

　したがって、ストーリーで話すというのが重要になってきます。「子どものときこういう体験をしたから、大学でこのような勉強をし、だから御社で働きたいと思った」というストーリーは、必ずあなただけのアピールポイントになるでしょう。

脚色や作り話は厳禁

　体験に基づいたストーリーを話す際に、わざと個性的にしようと脚色したり、大げさに話したりする必要はありません。ありのままの体験を正直に話すことが、そのままあなたの「個性」になります。

　また、言うまでもないことですが、評価されそうだからといって作り話をするのはもってのほかです。例えば「バイトリーダーとして頑張った」と言えばウケそうなどと考え、実際にやってもいないのにアピールするのは厳禁です。

　面接官はプロですから、あなたが話を脚色したり、作り話をしたりすれば簡単に見抜いてしまいます。そうなれば当然、採点は低くなってしまいます。

「私も」ではなく「私は」で話す

　集団面接の際、自分が言おうと考えていたことを前の人に言われてしまうことはよくあります。

　そんなときは、「私も」ではなく「私は」と話しましょう。たとえ似た話であっても、まったく同じ話ということはないでしょうし、前の人の話の足りないところを参考に、より深く話すこともできるはずです。前の人が同じような話をしたら、チャンスと考えましょう。

コラム
かぶったときこそ、チャンス！

前の人
> 私は大学時代、塾講師のアルバイトを頑張りました。

↓ より深く

あなた
> 私は大学時代、個別塾の講師のアルバイトを頑張りました。生徒たちに少しでも勉強を好きになってもらいたいと思い、英単語テストを作り、競争させていました。その結果、英語のテストの平均点を20点ほど、上げることができました。

質疑応答の的確さを意識する

面接のコツは、聞かれたことに的確に答えることに尽きます。
そのためには、いくつかポイントがあります。

聞かれたことだけに答える

　面接では、面接官の質問に対して、一つひとつ的確に答えていく必要があります。その際、まず一番大事なことは、面接とはあなたが話したいことを話す場ではなく、面接官が聞きたいことに答える場であるということです。

　積極的なのはよいことですが、いくら伝えたいことがあるからといっても、面接官の話をさえぎったり、まだ聞かれてもいないことをベラベラ話し出したりしないように気をつけてください。面接は面接官の主導で進んでいくものということを肝に銘じておきましょう。

　面接官からの質問で、何を聞かれているのかよく分からないこともあるかもしれません。そういうときは、はっきりと「申し訳ありませんが、その質問はどういう意味でしょうか」と聞いてしまいましょう。**質問の意図が理解できないまま、曖昧なことや、適当なことを答えてしまうのは逆効果です。**

　きちんと聞き直せば、面接官のほうも自分の質問の仕方が悪かったと思う人が大半です。きっと「それはこういう意図での質問です」とより細かく説明してくれたり、別の言い方に変えて質問してくれたりするでしょう。

　ただ、面接官に聞き直せるのは一回までだと思ってください。何度も聞き直せば、あなたには理解力がないと判断されてしまいます。

▶ 面接官の話すスピードに合わせる

　面接は面接官の主導で進むため、話すスピードも面接官に合わせる必要があります。話すときには誰しも、一定のリズムやテンポがあるものです。

　就活生が頑なに自分とは違うペースで話していると、面接官は無意識のうちに「この人は、こちらに合わせてくれないんだ。合わせる気はないのかな」と感じてしまいます。その結果、あなたのコミュニケーション能力が低いと思われてしまうのです。

　面接官の話し方を注意深く観察して、**テンポよく話す人には自分もテンポよく話し、ゆっくり話す人には自分もゆっくり話す**ように心がけましょう。

▶ ときにはオウム返しも効果的

　例えば、面接官が「なぜその学部を選んだのですか」と聞いてきたとき、「○○だからです」と簡潔に答えて問題ありません。ですが、ときには「はい、なぜその学部を選んだかといえば、○○だからです」と、あえて相手の質問を繰り返すのも効果的です。

　また、ついクセで「えーと」や「あの」と使ってしまいがちな人にもオウム返しがオススメです。「弊社の今後の展望について、どう思いますか」と聞かれたら「御社の今後の展望についてですね。私は○○だと思います」と話すことができれば、相手の質問をしっかり聞いていて、理解しているということが伝えられます。さらに、あなたが質問に落ち着いて答えているという印象も与えられます。

　もちろん、すべての質問にオウム返しで答えるのは、やりすぎでくどくなります。タイミングを見計らいながら、ここぞというときに使うようにしましょう。

本番で差がつく面接練習

面接を成功させるためには練習が欠かせません。正しい練習方法を選ぶことで、面接の実力を上げましょう。

積極的に面接練習をしよう

　いくつもの企業を受けて経験を積み、きちんとその反省を次に活かすことができていれば、自然と面接はうまくなっていきます。

　ただ、第一志望の選考が早めで、慣れる前に面接が来てしまうということもあるでしょう。そこで失敗しないためには、事前に面接の練習を積んでおくことが重要です。

　面接練習は大学のキャリアセンターなどで受けることができます。その他、新卒応援ハローワーク、就活エージェントを利用するのもよいですし、友人同士や就活イベント、OB・OG訪問などで面接練習をすることもできます。少しでもチャンスがあれば、積極的に練習をするようにしてください。

　その際、できるだけさまざまな年齢や性別の相手と練習をするのが理想的です。 実際の面接では、二次、三次と進むにつれ、面接官の年齢や役職が変わってきます。ですから、比較的年齢の近い相手と練習するだけでなく、年配の人とも練習をしたほうが、どんなケースにも対応できるようになります。

　また、自分が就活生役で面接練習をするだけでなく、ときには友達の練習で面接官役をするのも効果的です。面接官役をしてみることで、どのような話し方が伝わりやすいかなどを把握できます。

▶ 面接練習をする2つのメリット

　面接練習をするメリットは、大きく分けて2つです。ひとつは、**本番の面接に落ち着いて臨むことができるようになる**こと。もうひとつは、他者からの評価・見られ方を確認できることです。

　面接は、基本的なマナーや流れ、聞かれる質問に関してもある程度決まっているものです。練習をしておけば、本番の面接で慌てずにすみます。また、自分のマナーが大丈夫か、きちんと話せているかというのは、第三者の冷静な感想がとても参考になります。

▶ 本番のつもりで練習しよう

　面接練習をする際に大切なのは、本番と同じ気持ちや態度で取り組むことです。友人との練習などでは、くだけた雰囲気になりがちですが、それでは練習の意味がありません。

　本番と同じように身だしなみや姿勢に気をつけて、練習に臨んでください。**どれだけ本番の雰囲気を想定して練習できるかで、その効果も変わってきます。**

　「学生時代に頑張ったこと」や志望動機、自己PRなど、必ず聞かれる質問への答えは、実際の面接を受けるのと同じようにノートなどにまとめておいてから練習に臨みましょう。

▶ Web面接では特に練習が大事

　Web面接の場合は画面越しのやりとりしかないため、熱意などが伝わりづらいものです。そのため、対面面接よりも声を張ったり、表情やジェスチャーを大きくしたりするなど特別な対策が必要となります。意識してWeb面接だけの練習もするようにしてください。

　また、Web面接では機材や通信のトラブルなど、思いがけない問題が起こることもあります。本番でいきなりそのようなトラブルに見舞われると頭が真っ白になりがちです。そうならないためにも、Web面接の練習をしておきましょう。

▶ 練習後のフィードバックが肝心

　面接練習は本番で成功することが目的です。ですから、たくさん練習したことで満足せず、毎回自分自身に対してフィードバックすることを心がけてください。

　このとき一番重要なのは、自分の言いたいことが、きちんと相手に伝わっているかどうかの確認です。本番は自分の話が伝わっているのかを確認することはできませんので、練習のなかで精度を高めていきましょう。そして、面接官役の人から「話のここはよく分かったけど、ここは分からなかった」など細かく教えてもらってください。自分の話のポイントが分かれば、話す順番の変更やエピソードの追加などの修正ができます。

▶ 特定項目の練習も効果的

　面接練習をするとき、全体の流れを通して練習するだけでなく、特定の項目だけの練習をすることも効果的です。

　例えば、「今日は自己PRだけを見てもらいたい」や「学生時代に力を入れたことだけを見てもらいたい」と練習相手に伝え、限定した項目の練習をするとより細かいフィードバックをもらえます。

　また、自分が少し自信のない項目や、特に伝えたいと思っている項目の精度を上げるという意味でも、特定項目の練習は役に立ちます。

▶ 参考にすべき感想、しなくてよい感想

　友人との練習で多いケースですが、「自分のときはこうだった」といった経験や主観に基づいたフィードバックは無視して構いません。

　一番参考にするべきなのは、先にも解説したように、自分の話がきちんと伝わっているかどうかについてです。それから、姿勢の良し悪しや、話すスピードなどの客観的な感想は参考になります。ちなみに、家族に面接練習をお願いするときには、初対面の人だと思って見てもらえるよう、あらかじめ伝えておきましょう。

▶ 面接前のスケジュール例

2〜3週間前	対面面接練習1回目 → ES、自己分析の確認（その日のうちに）
前日	志望動機の確認
当日	**①A社　1次面接〈Web〉**
10日前	具体的なキャリアプランを考える
7日前	対面面接練習2回目
前日	逆質問を考える
当日	**②B社　2次面接〈対面〉** 第1志望！

※スケジュールは、あくまでも選考までの日数に余裕がある場合です。

▶ Web面接練習 チェックリスト

☐ 明るさ、画角

☐ 声ははっきり伝わるか

☐ 映像は途切れないか

☐ 目が合うか

☐ 背景に余計なものが映り込んでいないか

面接官の好感度を 左右するのは話し方

面接官に好印象を持ってもらうためには、話し方に工夫をする必要があります。

ダラダラ話さず、結論から話す

対面であっても Web であっても、面接は人が人を選ぶことに変わりはありません。ですから、面接官に「ぜひこの人に来てほしい」と、あなたに対する好感を持ってもらう必要があります。さらに言えば、**能力が高くても好感度の低い人より、多少能力が足りなくても好感度の高い人を採用する企業のほうが多い**のです。

面接官の好感度を一番左右するのは話し方です。ただ、話し方に気をつける前に、意識する必要があるのは常に笑顔でいること。笑顔でいれば、それだけで好印象になります。さらに、意識的に笑顔を作ることで顔の筋肉もほぐれるので、話し方もなめらかになります。笑顔は最強の武器なのです。

ところで、面接の話し方で印象が悪いのは、ダラダラといつまでも話していることです。最近はそうとは限りませんが、一昔前までビジネスの現場では結論から話すことが鉄則とされていました。面接官はその世代である可能性が高いので、ダラダラ話はよく思われないことが多いのです。

また、面接官があなたのダラダラ話自体には不快感を覚えなかったとしても、面接の時間は決まっています。あなたがダラダラ話していると、面接官は用意していた質問のすべてを投げかけることができず、結果的に「判断材料不足」ということで落とされてしまうこともあります。やはり、結論から簡潔に話すようにしましょう。

▶ スラスラ話しすぎるのも問題

　ダラダラと要領を得ない話し方は面接官の心証を悪くしますが、かといって、あまりスラスラ話しすぎるのも問題です。面接官にとって好印象に繋がるのは「一生懸命自分の言葉で話そうとしている姿勢」です。そういった「人間らしさ」が評価されます。つまり、ただ模範的な解答を流れるように話しているだけの人は低評価になりがちなのです。

　企業は同じような人材ばかりではなく、さまざまなタイプの人材を求めています。そちらのほうが、環境の変化や危機に対応できるからです。多少つっかえながらでも、自分の言葉で「自分らしさ」を伝えることを心がけましょう。

▶ 覚えてきた言葉か、考えながらの言葉か

　人は覚えてきたことを話すときと、考えながら話すときでは、話し方がかなり違ってきます。覚えてきたことを話すときは、たくさんのことを伝えようとするあまり、早口になりがちです。また、内容よりも表現に気を配るようになり、抑揚なども強くなりがちです。いっぽう、考えながら話していると、ところどころ詰まりますし、自信がなくなって語尾が小さくなってしまうこともあります。

　言葉に詰まったり、語尾が小さくなったりするほうが低い評価になりそうですが、面接官は「本音で話そうとしている」と判断してくれます。もちろん、面接前に覚えておく必要のある事柄もありますが、それも考えながら話しているように見えるよう練習をしましょう。

▶ 好感度アップ! 3つのポイント

イマイチ		好印象
✕ 無表情	→	○ 笑顔
✕ ダラダラ話す	→	○ 結論から話す
✕ 丸暗記	→	○ 考えながら話す

話すときと聞くとき、目線はどこに？

Webでも対面でも、アイコンタクトは面接の基本です。話だけでなく、視線でもあなたの熱意を伝えましょう。

Web面接のときの目線の置き方

「目は口ほどにものを言う」という慣用句のように、目線の置き方は面接でも重要です。特にWeb面接は、あなたの顔と上半身しか映りませんので、より目線は大切になってきます。熱意や、面接官の話をしっかり聞いていることを伝えるため、面接官とアイコンタクトを取りましょう。

Web面接では、カメラ目線が基本です。自分が話しているときは、常にカメラ目線を意識しましょう。慣れないうちは、どうしても画面に映る面接官を見ながら話そうとしてしまいますが、それだと面接官からは目線が合っていないように見えてしまいます。

いっぽう、面接官の話を聞いているときの目線は、自分が話すときとは微妙に違います。基本的には、カメラ目線でよいのですが、ときどき画面の面接官の表情を見て、相手が何を自分に訊こうとしているのかを見極めましょう。

もちろん、面接官が話しているときずっと画面を見ているのはNGです。**話の流れや内容によって適時、カメラを見たり、画面を見たりと使い分けられるのが理想です。**

ちなみに、Web面接は、カメラに映らない場所にメモを置いておいて面接中に確認することもできますが、面接官からはよそ見をしているように見えます。対面面接と同じように、メモは見ない習慣を身につけましょう。

▶ 対面・個人面接のときの目線の置き方

　対面の個人面接では、自分が話すときも、相手の話を聞くときも、面接官と目を合わせるのが基本です。目線を下に落としていると自信がない人と思われてしまいます。あるいは、視線をキョロキョロと泳がせていると、落ち着きのない人と思われてしまいます。目に気持ちを込めて、しっかり面接官の顔を見ましょう。

　ただ、このとき真剣さのあまり、キツイ表情にならないように気をつけてください。感謝を込めた柔らかい視線を向けることができればベストです。

　面接官が複数いる場合は、質問をしてきた面接官に目線を向けるのは当然ですが、答えるときは他の面接官にもそれとなく目配りをしましょう。

▶ 対面・集団面接のときの目線の置き方

　集団面接で自分が話し終えたときに目線をどこに置くかは、多くの就活生が悩むところです。自分の番のときは面接官の顔を見て話せばよいのですが、他の就活生が話しているのに、まだ面接官の顔をじっと見ているのは、あまりよくありません。かといって、うつむいて下を見てしまうのも印象がよくありません。

　他の就活生が話しているときは、軽くそちらのほうに視線を向けるようにしてください。 そうすることで、あなたが他の就活生の話もきちんと聞いているということが面接官に伝わります。実際、集団面接では、前の人の話をどう思ったかなどの質問を突然振られることもありますので、他の人の話もしっかりと聞いておきましょう。

声の大きさや響きを工夫しよう

同じような内容の話をしていても、大きな声ではっきりと話すだけで、面接官に与える印象は変わってきます。

大きな声で堂々と話そう

　面接官が一番困るのは、受験者の声が小さすぎて何を言っているのか分からないことです。面接官に「えっ？」、「もう一度おっしゃってください」などと言われないように気をつけましょう。

　面接では大きな声で堂々と話すように心がけてください。同じ内容の話をしていても、小さい声でボソボソと話していたら自信がないように受け取られます。**反対に声がよく通れば、自信がある印象を与えられます。**

　特に集団面接では、同じような自己PRでも、声の大きさで差がついてしまいます。さらに、個人面接でも集団面接でも大きな声で堂々と話すことで、その場の雰囲気が明るくなり、面接がなごやかに進むようになります。

　相手にはっきりと伝わる大きな声で話すには、まず背筋を伸ばしましょう。このとき、顎を上げすぎたり、下げすぎたりしないよう調整してください。そして、声を前に届けることを意識しながら発声するのです。こうすれば、相手に伝わる声になります。

　もちろん、声は大きければ大きいほどよいというわけではありません。ただうるさいだけでは、面接官に与える印象も悪くなります。自分の声質だと、どのくらいのボリュームが適しているのか、面接練習をするなかで掴んでおきましょう。

口を動かす練習をしておこう

　大きな声で堂々と話すためには、普段から口を動かす練習をしておくとよいかもしれません。スマートフォンの録音機能やICレコーダーに、まず普通に「あいうえお。おはようございます。よろしくお願いします」などの言葉を吹き込んでみましょう。このときの言葉は、短くてはっきりしたものなら、何でも大丈夫です。この最初に録音したものが、いつものあなたの声です。

　次に、鏡を見ながら口を縦横にはっきりと動かすことを意識しながら、先ほどと同じ言葉を録音してみましょう。それを聞いてみると、最初に録音したものよりも滑舌よく聞こえるはずです。このように口の開きに気をつけながら話す練習を重ねてみてください。

Web面接ならボリューム調節も使える

　声の大きさに自信がない人でも、Web面接ではボリューム調整で補うことができます。自分の声が、どのくらいのボリュームに調整すると相手に聞きやすくなるのか、事前にテストをしておきましょう。

　機械のボリューム調整に頼ること自体は、少しも悪いことではありません。相手に声が届かないほうが問題です。ただ、Webでは声がはっきり聞こえていたのに、対面になった途端、何を言っているのか分からないと思われないよう、対面で大きな声を出す練習もしておいてください。

コラム
必ず使う練習フレーズ

- 本日は、よろしくお願いいたします。
- （貴重なお時間をいただき）ありがとうございます。
- A大学B学部の〇〇です。

★大きな声で、堂々と！

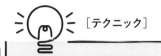

好感を持たれる声を作る

面接は人が人を選ぶもの。好感度が上がる声には、3つのポイントがあります。

❶ 明るい声

　明るい声で話しかけられるのと、暗い声で話しかけられるのでは、当然、前者のほうがよい印象を持ちます。もっと話を聞きたいという気持ちにもなるでしょう。ですから、面接ではできるだけ明るい声を出すようにしてください。

　とはいえ、声質は人によって千差万別ですから、どうしても暗くなりがちな声の人もいるでしょう。しかし、明るい声を出す簡単な方法があります。それは明るい表情で話すということです。

　はじめに、真剣な表情で「私の長所は明るいところです」と録音してみてください。それを聞いてみると、言葉とは裏腹にきっと暗く聞こえると思います。

　次に、満面の笑みを浮かべながら先程と同じ言葉を録音してみましょう。今度は驚くほど明るく聞こえるはずです。もちろん、シリアスな話をするときに、わざと明るい声にする必要はありません。例えば「今までで一番の挫折は?」と面接官に聞かれて、「第一志望の大学に落ちたことです」と答えるときに、明るい声だと話の内容とちぐはぐになってしまいます。こういうときは、真剣な表情で話すようにしましょう。

　内容によって、**明るい声と真剣な声を使い分けてメリハリをつけると相手に伝わりやすくなります。**

❷ 高めのトーン

　高めのトーンで話すのも、明るい声で話すのと同じように大切です。
というより、明るい声で話せば、自然とトーンは高くなります。もち
ろん、声の高い低いには個人差があるものです。しかし笑顔で話すと、
声の低い人でもある程度、高いトーンを出すことはできます。

　志望企業の人と電話で話すときも、笑顔を意識してください。緊張
して声が低くなりがちなところに、電話だから相手に顔が見えないと
思って笑顔を忘れていると、余計に声のトーンが低くなり、暗い印象
を与えてしまいます。

　また、Web面接では、対面よりもさらに表情は重要になってきます。
いつも以上に満面の笑顔を心がけてください。

❸ 元気のよさ

　明るい声＋高いトーンに加えて元気のよい話し方ができれば、さら
に好感度は上がります。

　ここで重要なのは、抑揚と間です。同じ話でも、一本調子では、ど
んなに声が明るくてトーンが高くても相手に伝わりません。ところど
ころ言葉に抑揚をつけ、強調してみましょう。

　言葉と言葉の間にひと呼吸置くと間が生まれます。例えば、「私は
大学時代ボランティアを頑張りました」と一息に言うのではなく、「私
は大学時代」と「ボランティアを頑張りました」の間にひと呼吸置い
てみるのです。そうすると、話し方にリズムが出てきます。

　抑揚と間は、やりすぎるとわざとらしくなってしまいますが、うま
く使えれば面接官に与える印象がワンランクもツーランクも上がりま
す。特にWeb面接では画面越しでお互いを遠くに感じがちです。対
面のときよりも抑揚と間で臨場感を出すことを意識したほうがよいで
しょう。練習を重ねて、最適な抑揚と間を見つけてください。

Web面接では意識して「間」を長くとる

Web面接ではどうしても避けられないディレイの問題も、少し工夫することで改善できます。

質問にすぐ答えず、「間」を置く

　Web面接ではネット環境などによって、どうしてもディレイ（遅延）が発生してしまいます。面接官に質問された際、対面のときと同じような感覚ですぐに答えてしまうと、ディレイのせいで、あなたの言葉の最初の部分を相手が聞き取れないということも起きがちです。

　例えば、面接官に「大学名とお名前をどうぞ」と言われたとき、すぐに「〇〇大学の、〇〇と申します」と答えてしまうと、冒頭の「〇〇大学」の部分を面接官が聞き取れないことがあります。

　ディレイの問題を解決するのに一番よい方法はネット環境を整えることですが、人によってはそれが難しいこともあるでしょう。そこで、このような問題を避けるためには、**面接官の質問を聞いてから、答える前にひと呼吸置いて間をあける**という解決策があります。具体的には、「大学名とお名前をどうぞ」と言われたら、「（少し黙る）〇〇大学の、〇〇と申します」と答えるのです。こうすれば、スムーズに会話が進んでいくはずです。

　面接では聞かれたことにすぐに答えなければという意識が働くので、沈黙を挟むのは勇気がいるかもしれません。また、自分では一瞬の沈黙のつもりが相手には長く感じられることもあるため、どの程度の間をあけるのがよいかは難しいところもあります。これも、練習を重ねて最適なタイミングを掴んでいきましょう。

▶ 返答の最初に「はい」と入れてみる

　Web面接で質問に答える前に間を置くのが、どうしても怖かったり、難しく感じたりする人は、返答の冒頭に毎回「はい」という言葉を置くのもひとつの手です。「大学名とお名前を教えてください」と言われたとき、「**はい。○○大学の、〇〇と申します**」と答えるのです。

　この「はい」という言葉そのものが間になりますし、「はい」と答えたあと普通なら自然にひと呼吸置くことになるので、それも間になります。

　「はい」の部分は面接官に聞こえなくても問題ありません。また、ハキハキとした印象を与えることができるというメリットもあります。

▶ うなずきの使い方

　Web面接ではディレイの問題などがあり、どうしてもお互いの意思の疎通が図りづらく、会話がギクシャクとしがちです。少しでもこの問題を解消するために、**面接官が話しているときは頻繁にうなずきを入れるようにしましょう**。うなずくことで、面接官の話がしっかりと聞こえていて、内容も理解していますという意思表示ができます。

　会話もスムーズになるので、対面のときよりも大きくうなずくことを心がけてください。画面越しですと、小さくうなずいているだけでは相手に伝わらない可能性が高いのです。はっきりと頭を動かして、相手に見えるように大きくうなずきましょう。

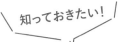

電話のかけ方 ～チャレンジ～

46ページで、電話をかける際のルールとマナーを紹介しました。
次は、実際に企業に電話をかけてみましょう。
人事担当者は、何十人もの電話を受ける日もあります。
用件を簡潔に伝え、ハキハキと元気に話すよう心がけましょう。

お忙しいところ、恐れ入ります。私〇〇大学××学部のAと申します。

 Point 最初に挨拶をし、大学・学部と氏名を名乗る。

お手数ですが△△課のB様をお願いできますでしょうか。

 Point 直通電話でも、電話に最初に出た人が担当者とは限らないため、繋いでもらう。

突然のお電話失礼いたします。私〇〇大学××学部のAと申します。△△課のB様でいらっしゃいますでしょうか。

 Point 担当者に繋がったら、氏名を再度伝えて都合を確認する。担当者の都合が悪い場合は、「何時ごろならご都合がよろしいでしょうか？」など、かけ直す時間を尋ねる。

〇月〇日の面接の件で、お電話いたしました。～

 Point 用件を簡潔に伝える。経緯・背景をダラダラ説明せず、簡潔に話す。

お忙しいところ、お時間をいただきありがとうございました。それでは、失礼いたします。

 Point 担当者がまだ情報を伝えるかもしれないので、お礼を言ったら、相手が切るか、「切ってよい」と言われるまで待つ。

あなたはどう答える？
面接でよく聞かれる
質問集

面接で必ず聞かれる質問はある程度決まっています。
面接官の意図を汲み取り、的確に答えましょう。
よく聞かれる質問を、実際の回答例とあわせて紹介します。

Q1

自己紹介をしてください

[印象づけ]

よく似た
質問

● あなたの性格について教えてください

● 自分にキャッチコピーをつけるなら何ですか

● あなたをひと言で表現してください

着 眼 点

　メジャーな質問だけに、よく練られているかがポイント
です。ただし、このあとに続く質問に対する回答の印象が
薄いと、どんなによい自己紹介でも評価は下がってしまい
ます。丸暗記をするのではなく、<u>自分の言葉を使っていか
に相手に届く内容にできるかがカギ</u>です。

残念…

　　　　私は〇〇大学〇〇学部のＡです。本日は大変緊
張していますが、一生懸命頑張ります。よろしく
お願いいたします。

　あなたという人に注目してもらうために重要な自己紹介で、大学名
と学部、氏名を伝えるだけで終わってしまうのは、あまりにもったい
ないことです。これだけでは、あなたがどんな人か面接官には分かり
ません。また、「大変緊張していますが」などのネガティブな発言は、
言い訳や弱気の表れと受け取られるので避けましょう。

74

○○大学○○学部のBです。大学ではWeb
マーケティングのゼミに所属していて、主に
SNSを使ったマーケティングの研究をしてい
ます。先日は、ゼミで地元の○○会社と協力して、商品
をPRするためのSNS施策の企画立案を行いました。本
日はどうぞよろしくお願いいたします。

　学部や氏名だけでなく、ゼミの活動について簡潔に述べている点は
好印象に繋がります。「Webマーケティング」や「地元の○○会社」、
「SNS施策」などの具体的なワードも面接官の印象に残り、そのあと
の面接での話題も広がりやすいでしょう。自己紹介では、具体例を盛
り込みつつ、説得力を出すことが大切なポイントです。

○○大学○○学部のCです。私は中学から
9年間、部活動で吹奏楽に打ち込んできまし
た。私の一番の強みは、他の楽器とのアンサ
ンブルを常に意識して演奏できる協調性です。本日はよ
ろしくお願いいたします。

　部活動やサークルに打ち込んできたことも、自己紹介では好印象を
与えます。ここでも大事なのは、ただ「頑張った」というだけではな
く、「アンサンブルを意識して演奏」といった具体的なワードを盛り
込むことです。面接官が「吹奏楽部のCさん」と覚えてくれれば成功。
自己紹介では自分のキャラを立たせることも考えましょう。

Q2

長所と短所は
どんなところですか

[能力の客観視]

よく似た
質問

- 短所を改善するために心がけていることはありますか

- あなたの得意なことと苦手なことは何ですか

- あなたのセールスポイントはどこですか

着 眼 点

自身を客観視できるかどうかを見ています。仕事がうまくいかないときに自分の長所を知っておけば、気持ちを切り替えることができます。また、短所、すなわち自分の苦手ポイントを知っておくことで、仕事においては大事（おおごと）となる前に周りと相談して被害を最小限に抑えることもできます。

惜しい…　私の強みは粘り強さです。高校時代、陸上部に所属して、厳しい練習に諦めず取り組んだことで、粘り強さを培うことができました。

　粘り強さを裏づけるだけのデータや具体的なエピソードがなく、どう仕事に結びつくのかのアピールもないため惜しい回答です。また、長所と短所を聞かれたのであれば、必ず両方を答えましょう。粘り強さを強みとしてアピールするなら、フルマラソンを走ったなどの実績や、仕事と結びついた具体性が必要です。

私の長所は、多趣味なところです。短所は、そそっかしいところです。ときどき、人に言われたことを忘れてしまったり、時間や場所を間違えたりしてしまうことがあります。

　長所が多趣味というだけでは、移り気と思われる危険性があるので、もっと具体的なアピールをしましょう。また、上記のような短所は仕事上致命的なミスに繋がるため、本当だったとしても言ってはいけません。入社してから改善するのでは遅すぎます。どうしても言いたければ、「忘れたり、間違えたりしないよう、メモを取るようにしています」など、すでに対策をしていて、ある程度の改善が見込めていることまで伝えましょう。

長所は相手に合わせて話ができるところです。私は塾で3年間、アルバイトをしており、300人以上の子どもたちに勉強を教えてきました。子どもたちへの接し方が主任に評価され、3年目からリーダー講師に指名していただきました。短所は涙もろいところです。今まではそれで問題を感じることはありませんでしたが、仕事の場で周りの迷惑となることがないよう、気をつけたいと思います。

　自分の長所をアピールする際、「3年で300人以上」といったデータで示すことができれば、説得力が増します。また、「主任に評価された」といった第三者の客観的な評価を伝えることもプラスです。長所は、他者の言葉を介して伝えるのが効果的です。また、短所に関しては「気をつけたい」と述べることで、改善意欲があると受け取ってもらえます。

Q3

学生時代に一番頑張った ことを教えてください

[入社後の活躍]

よく似た
質問

- あなたの大学生活をひと言で表現してください
- 学生時代に出した成果を教えてください
- 学生時代の成功体験を教えてください

 着 眼 点

自分のために時間を使えるのが学生時代です。集中的に自分の成長に対して取り組みができる時期に、どのようなことをしたのかを問うことは、働き始めてからの潜在能力や可能性がどれくらいあるのかを測る目安になります。

 残念…　私が打ち込んでいたのは、サーフィンです。大学3年生のときに、アルバイトでお金を貯めて、欲しかった海外製の高価なボードを買えたことが嬉しかったです。

　実際にどんなに学生時代打ち込んでいたとしても、遊びや趣味的なことは基本的に高い評価に繋がりません。反対に、この人は本当に仕事に打ち込んでくれるのかという疑いを抱かれてしまうこともあります。実績があれば評価されることもあるので、大会で優勝したなどのエピソードが必須です。

> good
>
> 私が一番頑張ったのは美術部で木版画に取り組んだことです。最初は思うような線を彫れませんでしたが、家に帰ってから自主練習を繰り返して2年生のとき、ようやく納得できる線を彫れるようになりました。そして、今年の春には版画コンクールで賞をいただきました。

　最初はうまくできなかったことを、努力によって身につけ、賞までもらったというストーリーは、面接官に対して強いアピールになります。簡単に諦めず、自主的に努力することができ、着実に進歩する人という印象を与えることができれば、仕事でも同じような成長を期待できると考えてもらえるでしょう。

> good
>
> 学業に一番力を入れていました。私は大学の講義を一度も休まず、常に一番前の席で受講しました。コロナ禍で始まったWeb授業でも緊張感を失わずに受けたことで、教授から高い評価をもらい、国際学会でのオンライン発表に参加させていただくこともできました。

　学生が一番頑張ったこととして学業をアピールするのは当たり前すぎるようですが、やはり評価に繋がります。「一度も休まなかった」という具体的なエピソードがあるのも高評価。仕事も休まない人だと思ってもらえます。また、「国際学会でのオンライン発表に参加した」などのように第三者から評価された具体的なエピソードがあれば、成果が出るまで努力する人と受け取ってもらえます。

学部・ゼミについて 教えてください

[協調性・計画性]

よく似た質問

● その学部・ゼミを選んだ理由は何ですか

● 大学生活を通してどのような学びを得ましたか

● 最も興味を持った授業は何ですか

着　眼　点

　同じテーマを研究していく仲間とともに、<u>どのような方法で成果を上げようとしたのかという姿勢</u>が問われています。また、長期間にわたって研究が必要なテーマについて、<u>どのように計画性を持って、モチベーションを保ちながら進めることができたのかなど、ひとつのプロジェクトに取り組む姿勢</u>も見ています。

惜しい…　　私は町興しのゼミに入っていて、地域経済の活性化の研究をしています。

　この回答から面接官が分かることは、その人がどのゼミに入っていたかということだけです。何を研究したかを伝えるのではなく、どう研究したかに力点を置いてアピールするべきです。また、この発言には仕事に結びつく要素が何もありませんし、面接官の印象に残るフレーズもありません。

私は町興しのゼミに入っていて、地域経済の活性化の研究をしています。昨年の夏には地元の特産品を活かした商品を考案して、地域物産店にプレゼンをしたところ好評で、早速、商品化されました。実際に地元の人の役に立つことができ、嬉しかったです。

　惜しい例と同じ町興しのゼミであっても、こちらのほうは、地元の特産品を活かした新商品を考案して、地域物産店でも評価されたという具体的なアピールがあるため高評価になります。これを聞いた面接官は、その受験者が努力することもできるし、人前に立つ度胸もあると判断するでしょう。

 私の大学ではゼミは必修でないため、ゼミには入っていません。しかし、ゼミに入るかわりに、英語の勉強をしてTOEICで930点を取りました。これからも英語の勉強は続けて、将来御社の海外支社で仕事をする機会がいただける場合に備えたいと考えています。

　たとえゼミに入っていなくても、ゼミ以外で学生時代に頑張ったことを伝えられれば、まったく問題ありません。この回答では、TOEICで高得点を取ったというだけではなく、それを志望企業の仕事に結びつけたアピールとしています。そのような熱意ある姿勢は、必ず高評価となります。

卒論のテーマは何ですか?

[社会貢献度]

● なぜそのテーマを選んだのですか

● 卒論の研究をどのように進めていますか

● 卒論について今後の展望を教えてください

着 眼 点

　自分の好奇心を満たすだけのテーマではなく、社会に対してどのくらい役立つのかという観点が必要です。研究成果を分かりやすく文章化して表現をする能力やデータに基づいた論理的な考察ができる能力も見ています。ひとりよがりの研究ではなく、周りに対して役立つ度合いも考えてテーマ決めがされているのかもポイントです。

残念…

　私の卒論のテーマは、SNSの功罪です。今の私たちの生活とSNSは切り離せないものとなっているため、選びました。

　この回答からは、卒論を書くためにどのような努力をしているかが伝わってきませんし、社会に対してどのように役立つのかの視点もありません。現在までの成果と今後どう発展させていくか、学んだことを入社後、どのように活かすつもりなのかも伝えましょう。

（good）卒論のテーマは、「地方移住における課題と促進のための政策」についてです。コロナ禍以降、地方移住する人は増えており、とても大切なテーマだと考え、選びました。夏には、いくつかの地域を回り、地方移住者から直接体験談などを伺いました。データを収集し、課題を見つけ出す経験が御社で働く上でも役立つように一生懸命取り組みます。

　足を使って取材をするなど、具体的な努力のプロセスを提示することは高評価に繋がります。卒論のテーマが志望企業の仕事と結びつくときには、積極的にそのことをアピールしましょう。また、途中経過であっても、計画表などの具体的なものを提示すれば、面接官の印象に残りやすいでしょう。

（good）私の学部では卒論がありません。そのかわりに、学生のうちに何かひとつ大きなことを達成したいと思い、卒業までに簿記1級の資格を取る計画を立てています。昨年は、学部の資格取得講座を受講し、2級の資格を取りました。この資格は、御社での仕事に役立つと考えています。

　卒論がなくても、まったく問題ありません。それにかわるものをアピールできればよいのです。すでに2級の資格を取っていて、さらに1級を目指しているという努力のプロセスを具体的に提示することで、努力家であることが印象づけられます。このアピールで、結果を出すために行動できる人だと思ってもらえるでしょう。

部活動・サークル・ボランティア活動についてお聞きします

[人間関係]

- 所属している組織でのあなたの役割を教えてください
- その組織を選んだ理由は何ですか
- その活動からどのような学びを得ましたか

着 眼 点

学業以外では、どのようなことを身につけようとしていたかを見ています。また、課外活動を行うことで、人間関係についてどのような学びを得てきたのかという面も重要です。働き始めてから、業務時間外でも自分の能力を伸ばそうとする姿勢があることを示すことがポイントとなります。

残念…

私はテニスサークルに入っていました。活動内容は、みんなでテニスをプレイするというものです。仲間たちととても楽しい時間を過ごしました。

　この回答では、サークル活動でどのような努力をし、それがどう仕事に結びついてくるかが、まったく伝わってきません。また他の就活生とかぶりそうな内容ですと、面接官に好印象を残すのは難しいでしょう。もしテニスサークルのことを話すなら、他校との交流戦をセッティングしたなどの具体的な話が必要です。

> 　　　　　　私はラクロス部で主務を担当しています。
> **good** 仕事内容としては、施設の予約や機材の確保、
> 　　　　　　準備、後片づけ、他校のラクロス部との打ち
> 合わせなどです。先輩や後輩、他校の学生などと交流す
> ることで、人とのコミュニケーションが円滑に取れるよ
> うになりました。

　プレイヤーではなく裏方的な仕事を頑張ってきた話で、地味な仕事でも一生懸命やってくれる人という印象を持ってもらえます。
　また、具体的な仕事例を挙げることで、普段の活動のなかでどのようなことをしているのか、面接官にはっきりとしたイメージを伝えることができ、印象に残るでしょう。人間関係のなかで身につけた能力を伝えているのもプラスの印象です。

> 　　　　　　私は豪雨の被災地の惨状をニュースで目に
> **good** してから、ボランティア活動をするようにな
> 　　　　　　りました。初参加のときは準備不足がたたり
> 熱中症になってしまい、迷惑をかけてしまいました。そ
> の後、出直して、他のボランティアと協力し、被災者の
> 家を無事片づけました。この経験から、情報収集と準備
> の大切さを学びました。

　失敗の経験から何かを学んで再チャレンジできる人というのは、学習能力があり、簡単に諦めない人ということです。これは仕事でも必要になる資質ですので、高い評価に繋がります。また、他のボランティアと協力して問題を解決したというのは、チームで仕事ができるというアピールになります。

Q7

アルバイト経験はありますか?

[社会との繋がり]

よく似た質問

- ● アルバイトからどのような学びを得ましたか
- ● アルバイトで大変だったことはありますか
- ● アルバイトを通して身についたスキルはありますか

着眼点

　アルバイト経験から、社会との繋がりを知り、自分がそこで働く意味と求められている役割を感じることができたかがポイントです。自分の成し遂げたい目的だけでなく、アルバイト先の目標を理解し、その目標に向かって真剣に取り組むことができたかどうかも大切です。

惜しい…

　私は遊園地でスタッフのアルバイトをしています。お客様に笑顔になってもらえるよう、自分なりに努力をしました。その頑張りが認められて、通常、半年で上がる時給が3か月で上がりました。

　これは非常に惜しい回答です。「時給が3か月で上がった」というのは客観的、かつ具体的なよいアピールです。「自分なりの努力」だけではなく、どのような工夫をし、何を一生懸命頑張ったのか、などの具体例を入れて話すことができれば、満点の回答です。

居酒屋でアルバイトをしていました。私は売上
向上のために2つの工夫をしました。ひとつは「看
板メニューの提案」、もうひとつは「オススメ商
品のポスター作成」です。その結果、常連のお客様が増えた
ように思います。

　これも惜しい回答です。具体的にどのような工夫をしたのかは分か
るのですが、その結果が「常連のお客様が増えたように思う」という
のは少し曖昧です。自分の成し遂げたいことが目的になっていて、そ
れがアルバイト先にどのようにプラスをもたらしたかが明確に伝わっ
てきません。売上の数字などでアピールしましょう。

　　　私はカフェでアルバイトをしていました。
担当は接客や店内のポップ作りです。お客様
に気持ちよく過ごしてもらうため笑顔を心がけ
け、オススメの新製品を分かりやすく伝えるためにポッ
プも工夫しました。その結果、地域の系列店舗のなかで、
私がアルバイトをしていたお店が、新商品の売上1位に
なりました。

　具体的にどのような工夫をし、それがどんな結果に結びついたかが
明確に伝わってくる、よい回答です。地域の系列店のなかで売上1位
になったというのは、アルバイト先に明らかに利益をもたらしており、
1位という数字も説得力があります。こういう人なら、会社にも利益
をもたらしてくれると受け取ってもらえるでしょう。

アルバイト経験がないけど、大丈夫…？ → P231

趣味は何ですか？

[ストレス解消法]

よく似た質問

● 休みの日の過ごし方を教えてください

● インドア派ですか、アウトドア派ですか

● 最近ハマっていることは何ですか

着 眼 点

　ストレスの解消法を持っているのかを聞いています。働くうえで抱えたストレスをうまく逃がし、リフレッシュして新たな気持ちで臨めそうな趣味を持っているかがポイントです。注意したいのは、射幸性に繋がるものや健康を害する恐れのあるもの。のめりこむことで業務に支障が出そうなものは避けましょう。

残念…

　私の趣味は競艇です。もともと競馬が好きでしたが、最近は競艇にもハマっていて、毎週末、観戦を楽しんでいます。

　ギャンブル関連の趣味は話さないほうがよいでしょう。社会通念上「だらしない人」と思われる可能性が高いので避けたほうが無難です。ですが、好印象を与えそうな嘘の趣味を言うのもやめましょう。深く掘り下げて聞かれると答えられなくなります。

私の趣味は本屋巡りです。特に古本屋を
巡って、ジャンルにこだわらず、さまざまな
小説を探すのが好きです。この趣味のおかげ
で、大学では出会えないような中高生から高齢の方まで、
さまざまな年齢層の方たちと仲良くなれました。御社の
お客様も、幅広い年齢層の方ですので、この経験を活か
せるのではと考えています。

　ただの本屋巡りではなく、本の話をすることで幅広い年齢層と交流
が広がったことを同時にアピールできているため、理想的な回答です。
さらに、志望企業の仕事とも結びつけられている点も高評価となりま
す。このように、趣味を入り口にしながら、自分の能力や経験、仕事
での活かし方まで広げられれば、ベストです。

　　　　　私は中学、高校と部活動でテニスに熱中し
ていました。高校2年生のときには、地区大
会で優勝しています。大学に入ってからはゼ
ミやアルバイトで忙しくて、あまり取り組めていません
が、時間ができたらぜひ再開したいと思っています。

　趣味は特にないという人もたくさんいるでしょう。しかし、「趣味
はありません」と正直に答えるのはよくありません。そんなときは、
昔自分が熱中したものを思い出して話してみてください。その際、「今
は取り組めていないが、時間ができたら再開したいと思っている」と、
つけ加えるのを忘れないようにしましょう。

Q9

特技はありますか？

[人柄を知る]

よく似た質問

- 誰にも負けないと思うことは何ですか
- 今までで一番長く続いたことは何ですか
- その特技によって得をした、またはその特技が役に立った経験はありますか

着 眼 点

　自信を持って、人に披露できるぐらいまで打ち込めたものがあるかどうかを聞いています。成果や結果を求めるのではなく、人に見せられるレベルの「ワザ」となっていることがポイントです。仕事について語る表情とは違った表情や態度を見たいときに聞かれることも多いため、どのように工夫したのかも話せるとよいでしょう。

惜しい…　　私の特技はカレー作りです。週に一度は必ずカレーを作っています。

　自分のなかで自信があれば、どんな回答でも問題ありません。ただし、「カレー作りが得意です」だけですと、なぜ得意になったのか、どんな工夫をしているのかなど具体的なことが分からないため、面接官の印象に残りません。また、人に見せられるレベルの「ワザ」なのかも、この回答では分かりません。

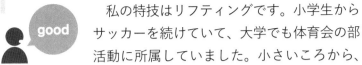

私の特技はリフティングです。小学生から
サッカーを続けていて、大学でも体育会の部
活動に所属していました。小さいころから、
友達と競うように練習していたので、今でもリフティン
グを100回以上は連続でできます。

100回連続リフティングは、誰にでもできることではありませんが、
サッカーをそれなりにやってきた人ならばできる人はたくさんいま
す。特技はこの程度のもので構わないのです。この回答では、子ども
のころから続けてきたという話をすることで、何かを継続してやるこ
とができる人という印象も面接官に持ってもらえます。

私の特技は料理です。大学に入って、一人
暮らしを始めたことをきっかけに、自炊の楽
しさを覚えました。自炊の腕を上げるために、
レストランの厨房のアルバイトもするようになりまし
た。その結果、今ではただの自炊レベルを超え、お店で
お客様に出して恥ずかしくない料理が作れるようになり
ました。

なぜその特技を身につけることになったのか、具体的にどんなこと
をしているのかなどが伝わるよい回答です。面接官は、経験のないこ
とにも果敢に挑戦できるチャレンジ精神を持った人と感じてくれるで
しょう。そして、そのような資質は、仕事においても活かされるはず
と判断してもらえます。

Q10

今まで一番嬉しかったことは何ですか?

[働くモチベーション]

よく似た質問
- 今までで一番感動したことは何ですか
- どのようなときに喜びを感じますか
- モチベーションが上がるのはどんなときですか

着 眼 点

　努力した結果に喜びの感情を持つ人かどうかを確認しています。働くことに喜びを感じることができれば、仕事へのモチベーションともなりますし、自分が働くことに意味づけをすることもできます。人の役に立つことや自分が成長することを喜べる人は、期待される人材として評価をしてもらえます。

残念…　　去年の夏、サークルの仲間に誕生日を祝ってもらったことです。みんなでケーキを分けて食べたのは、とてもよい思い出になりました。

　誕生日を祝ってもらって嬉しかったという話は、自分の努力で得た喜びではないため評価されません。もし誕生日の話をするなら、友人の誕生日を祝うために、色々とアイデアを考えて工夫したら、とても喜んでもらえたという話のほうが高評価に繋がります。

> **good** アルバイト先のハンバーガーショップが、エリア1位になったことです。指定のメニューの販売数を全店で競いましたが、毎日遅くまでどう薦めるかのアイデアを出し合ったり、個人の成績表をつけたりして士気を高めました。このような成果を出せたことで、努力をすれば結果に繋がるという自信を持てるようになりました。

　仲間と協力した結果、自分自身の成長にも繋がったことが伝わる回答です。困難な目標に挑戦して、一生懸命努力したことで達成できた感動体験のアピールは高評価になります。こういう人は、仕事でも高い目標を設定して、工夫や努力をすることで、必ず達成してくれると期待が持てるのです。こういった経験がないか、自分の過去をよく振り返ってみましょう。

> **good** 高校時代、吹奏楽コンクールの全国大会に出場できたことです。チーム一丸となって特訓し、自主練習も行いました。大会前に仲間のひとりが入院してしまったこともありましたが、スマホ越しで一緒に練習したのもよい思い出です。無事退院した彼が本番で完璧な演奏をするのを見られたことも、とても嬉しかったです。

　「チーム一丸となって特訓した」ことから協調性が、「自主練習に取り組んだ」ことから積極性や忍耐力があることがアピールできているこの回答は、とてもよい評価を得るでしょう。また、入院してしまった友人のために役に立ったことを、喜びとして感じられている点も高評価です。

Q11

挫折した経験はありますか?

[経験からの学び]

よく似た
質問

● 今までで一番悔しかったことは何ですか

● 学生生活でこれまでどんな失敗がありましたか

● 失敗をどのように乗り越えましたか

着 眼 点

ストレス耐性があるのかどうかを見るだけでなく、自分で考えて行動し、新しい一歩を踏み出す能力があるかを確認しています。挫折したからといって、そこで諦めてしまうのではなく、他に活路を見出したり、そこから学んだり成長できたりしたことを話すことがポイントです。

残念…　　大学受験に失敗したことです。勉強不足で、第一志望に入れませんでした。それで落ち込んで、諦めてしまい、特に希望していなかった大学に入ってしまったことを、今も後悔しています。

　正直に挫折の経験を話しているのでしょうが、その挫折からどうやって立ち直ったのかという話がないためNGです。挫折の話というと自分のマイナス面を話せばよいと思うかもしれませんが、挫折を入り口にしながら、プラス面を話すようにしてください。

good 第一志望の大学受験に失敗したことです。二度と同じ失敗を繰り返さないために、落ちたことが分かったその日から、苦手科目だった数学を中心に毎日コツコツ勉強することを自分に課しました。結果的に浪人はしましたが、2度目の受験で、無事、第一志望の大学に合格しました。

94ページの例と同じ大学受験の失敗を語っていますが、こちらは失敗を反省して成長に繋げたエピソードを話しているため、高評価になります。苦手な分野を克服しようとした意志の強さも好印象です。また、浪人をしてまで初志を貫徹したという自分のアピールポイントを話すことができているのも効果的です。

good 高校のときサッカーの地区大会で優勝を逃したことです。3年間、優勝することを目標に一生懸命練習してきたのですが、決勝戦で敗れて準優勝に終わりました。振り返ると、練習に加えてミーティングを重視するべきでした。この悔しさは今でも忘れられません。
この経験から、がむしゃらにやるだけではなく、チームの意識の統一が大切だと学びました。

準優勝も立派な成績ですが、それを悔やんでいるというのは最初に高い目標を掲げていたということになります。このようなハイレベルでの挫折も、よいアピールです。また、「3年間練習を積み重ねてきた」という話から、継続して努力することのできる人だという印象を面接官に持ってもらえるでしょう。

資格はお持ちですか?

[能力の客観視]

よく似た
質問

● 語学のスキルを教えてください

● TOEIC の点数を教えてください

● パソコンのスキルを教えてください

着　眼　点

向上心を持ち、自分の能力を客観的に表現できるよう
努力しているかどうかを確認しています。実務に直結する
資格であれば、そのグレードを示すことで仕事を任せた
場合の期待値を上げることもできますし、人事考課にも配
慮される場合があります。応募先の業界に役立つ資格を
取得していることがポイントです。

残念…

簿記2級、TOIEC800点、販売士、宅地建物取
引士の資格を取りました。卒業までに情報処理安
全確保支援士の資格を取るため、勉強しています。

　たくさんの資格を持っていても、それだけではアピールになりませ
ん。資格を取ろうと思った理由と、その資格をどう活かそうとしてい
るのかが肝心です。実際に複数の資格を持っていても、面接では企業
に合わせてひとつに絞り、深く説明したほうが得策です。

高校時代から不動産関係の業界に興味があり、大学生のうちに準備できることとして宅建の資格を取ろうと思いました。1年かけて取得できましたが、さらに今後海外にも視野を向ける必要性を感じ、TOIEC900点を目指して勉強中です。

good

　自分が志望している業界について何が必要なのかを理解して、実行に移していることが分かるこの回答は高い評価となります。また、さらに次の資格のための勉強をしているというアピールも、高評価です。こういった人は、入社後も意欲的に自己研鑽に励み、成長が期待できると判断してもらえます。

簿記1級の資格取得を目指して勉強中です。金融業界で働いていく上で、この資格は必要であると考えています。昨年、簿記2級を取ることができましたが、卒業までに何としてでも、この目標を達成し、御社でも活かせるようにと考えています。

good

　資格取得に向けて勉強しているのであれば、それをきちんとアピールしましょう。回答例のように、すでに資格を持っていて、よりグレードの高い資格を取るために勉強している、というのは高評価です。また、何の資格も持っていない場合も、面接を受けている企業の仕事に関係の深い資格であれば、勉強中であることを伝えれば評価に繋がります。もちろん、このように面接でアピールしてしまったら、実際に資格を取得しないといけません。

Q13

好きな言葉・座右の銘は何ですか?

[価値観を知る]

よく似た質問

● あなたに最も影響を与えた人は誰ですか

● 働く上で大切にしたい価値観は何ですか

● 就職活動の軸は何ですか

着　眼　点

困ったときに自分を鼓舞する言葉があるのかを確認しています。あなたの行動基準や、どういう個性や特性があるのかを測る目的もあります。誰の発言でも問題ありませんが、自分にとってどんな意味や行動特性に繋がっているのかを説明できるようにしておきましょう。

残念…

　　私の座右の銘は「人間万事塞翁が馬」です。「人生における幸不幸は予測しがたい」という言葉を父がよく口にしていて、いつの間にか私も覚えてしまい、好きになりました。

　この回答では、その言葉が自分にとってどういう意味を持っているのかを説明していないため、面接官にあなたの行動基準や人柄が伝わりません。個人的な体験のエピソードなども交えながら、その言葉によって自分がどう変わったのかなどをアピールするようにしましょう。

good

　好きな言葉は「日進月歩」です。 私はもともと飽き性で、地道な練習をすることが苦手でした。しかし、中学生のとき、サッカー部の顧問の先生から日進月歩という言葉を教えてもらい、地道に努力することの大切さや成長することの面白さを知ることができました。そのおかげで、中学、高校と6年間サッカーを続けられたと思っています。

　中学生のときに顧問の先生から教わった言葉がその後の自分の支えになったというエピソードは、その人固有の体験で、人となりがよく伝わってきます。地道な努力を大切にできる人ならば、入社後も地味でツライ仕事も嫌がらずにコツコツ頑張り、成長してもらえることが期待できます。

good

　座右の銘は「有言実行」です。以前私は「半年以内に英検1級に合格する」ということを決め、それを親や友達に宣言していました。当時の私は英語があまり得意ではなかったためとても苦労しましたが、勉強開始から1年半ほどで英検1級に合格できました。今でも、何かを始めるときは「有言実行」を心がけています。

　たとえどんなに困難な目標でも、努力して達成できた経験を語ったこの回答も高評価です。「半年以内に合格する」と言ったにもかかわらず、合格までに1年半ほどかかっていますが、これは挫折があっても諦めないという人柄を示していますので、マイナスではなく、逆にプラスのアピールともなります。

Q14

集団のなかでは どんな役割ですか?

[リーダーシップ・フォロワーシップ]

よく似た
質問

- 周囲からはどんな人物だと言われますか
- 人間関係において、苦手なタイプはどんな人ですか
- リーダーシップを発揮した経験はありますか

着 眼 点

リーダーシップやフォロワーシップが存在するかどうかを確認しています。受験者が体験した役割を聞くことで、採用した場合にどのように活かしていったらよいのかを想像することにも役立ちます。周りとうまくやりながら成果を出していく姿を想像してもらい、**組織の一員としての役割を果たせるという期待感を得てもらえるか**がポイントです。

残念…

　　　　　　　縁の下の力持ちといった役割が多いと思います。友人や後輩から恋愛や人間関係の悩みなどを相談されることが多いからです。

　この回答では、入社後に組織のなかでどのような役割を担える人なのか、また担いたいと思っているかが伝わってきません。頼られることをアピールするつもりで「悩みの相談に乗る」と話してしまいがちですが、これは相手ありきで受け身の印象を与えてしまいます。

good 積極的に先頭を切って発言し、リーダーシップを発揮する役割です。サークルのミーティングでも、必ず私が最初に発言し、それが呼び水となって話し合いが活性化します。御社でも真っ先に多くの意見を言って、組織を活性化させる役割を担いたいと考えています。

　組織のなかで重要な役割を理解していて、サークルでの経験を話しているこの回答は、高い評価になります。面接官は、こういった人なら、会社に入ったあとも率先して発言し、会議などを盛り上げてくれると考えるでしょう。組織に貢献する気持ちが伝わってくる点も高評価です。

good アルバイト先では店長補佐の仕事を担当しています。仕事の内容は多岐にわたっていて、店長にかわって仕入れや在庫のチェックをしたり、ときには新人の研修をしたりすることもあります。店長やバイト仲間が働きやすい環境を整えることを重視し、フォロワーシップを発揮するのが自分の得意なことです。

　集団のなかでの役割は、キャプテンや主将、委員長といったリーダー的なものでなくても、まったく問題ありません。組織のなかにはさまざまな役割があり、チームワークで目標を達成するものだからです。フォロワーシップを発揮できるということは、コミュニケーションスキルが高いと考えられ、高い評価に繋がります。

Q15

あなたが当社で実現したいことは何ですか?

[仕事内容の理解]

よく似た質問
- 当社でどのようなスキル・経験を身につけたいですか
- 5年後の自分はどうなっていたいですか
- あなたの強みは当社でどのように活かせると思いますか

着眼点

　応募先の仕事内容を本当に理解しているかを確認しています。今後、実現したいことを語るためには現状を踏まえた上でなければ質問には答えられません。また今、応募先が取り組んでいることだけではなく、その仕事が世の中と自分の未来にどのように繋がっているのかまで見据えて応募をしているのかどうかがポイントです。

残念…　　将来は、海外で働きたいと考えています。そのために、現在、英語を勉強中です。海外に家を持つことが夢です。

　もし応募先の事業が国内向けでしたら、完全にアウトです。面接官は、あなたがその企業の業務内容をまったく理解していないと受け取るでしょう。個人的な夢を語るのではなく、その企業でやりたいこと、やれることを答えてください。

私は御社が取り組んでいる海外事業に携わりたいと考えています。御社のホームページの投資家情報にも書かれていますが、御社は現在、中国の北京にショッピングモールを建設予定ですね。私もこのプロジェクトにぜひ携わりたいと考えています。

　応募企業が現在取り組んでいるプロジェクトをしっかり把握しているのはよいのですが、この回答では、その企業の今しか見ていません。5年後、10年後、その企業がどうなっているかを考え、そのなかで自分が果たせる役割について答えるようにしましょう。自分自身と会社のビジョンが重なり合っている回答が理想です。

　私は御社が現在アジア各地で取り組んでいるコンピューター・プログラミング教育支援に、とても関心を持っています。その成果が出る数年後には、アジアに新しい市場ができているでしょうから、私も現地の人たちと共に働きたいと考えています。そのため、語学を勉強しています。

　企業の現状を把握しているだけでなく、将来の展望も見据えているこの回答は高評価となります。さらに、そのなかで自分がどのようなことにチャレンジしたいと考えているか、そのために現在何をやっているのかがアピールできている点も、面接官にきっと好印象を与えるでしょう。

Q16

あなたのキャリアプランを教えてください

[価値観・入社後の活躍]

よく似た
質問

- 5年後の将来像をどのように描いていますか。
- 仕事を通じてどのように成長したいですか。
- 入社後にしたいことを教えてください。

着 眼 点

　働く上での価値観が自社と合っているかを確認しています。将来的にどんな位置で働きたいのか、会社の方向性と自身の方向性が一致していることが重要です。また、適切に企業理解ができているかも聞かれています。受験者の本気度をチェックしているため、企業研究を徹底的に行うことが必要となります。

惜しい…

　私は、入社後5年以内に社内一の業績を達成し、将来的には海外に転勤したいと考えています。御社であれば自分の能力を存分に発揮して活躍できると自負しています。

　高い目標を掲げることはよいのですが、ただ願望を述べるだけでは企業側も採用するメリットを感じません。応募先に貢献するつもりであることをアピールしましょう。

good 私は事務系総合職としてできる限りさまざまな部署を経験したのち、御社が10年後の目標として掲げている「国内外で200店舗の展開」の実現に向け、多様な人材の確保・育成という面で貢献していきたいと考えています。将来的には御社の人事部を志望します。

会社のために前向きに働いてくれる人材であると印象づけられています。企業は、入社後も長く定着し活躍してくれる人材を求めています。キャリアプランが現実的であると、入社後もミスマッチや離職のリスクが低いと受け取ってもらえる傾向にあります。

good 将来は、営業部門のリーダーを目指したいと考えています。まずは、御社の商品に精通した上で、お客さまのニーズに寄り添い満足を提供できる店舗スタッフとして、売り上げに貢献していきたいです。そして提案を重ねる中でデータの分析力を鍛え、顧客ごとに最適な提案を行える営業になりたいと思います。また、個人の売上はもちろんですが、部門としての実績を作れるリーダーになれるよう、努力していきます。

将来の夢について話すのではなく、現実的な目標を設定して話されており、好印象です。掲げた目標に対してどのような段階を歩むことで実現していくのかを述べ、理想の話にならないよう気をつけましょう。

Q17

他社の選考の進行状況はいかがですか？

[入社希望度]

よく似た質問

- 他にどんな企業を受けていますか
- 会社選びで重視することを教えてください
- 受験した企業に受からなかった原因は何だと思いますか

着　眼　点

　自社へ就職してくれる可能性を確認しています。 同業他社で選考が進んでいる場合は、他社への思いや自社の志望度を確認することになります。違う業界も受けているのであれば、何を軸に動いているのかを確かめたくなります。今、面接をしている応募先から内定をいただけたら入社したいという意思を伝えましょう。

残念…

　A社はエントリーシート、B社とC社とD社は二次面接、F社は三次面接で落ちました。あとは、他業界ですがG社は最終面接の結果待ちです。

　非常に正直な回答ですが、こんなに落ち続けていると面接官は「この人には重大な欠点があるのかも」と不安になってしまいます。落ちた話はしすぎないように気をつけましょう。また、他業界のG社の話も、仕事内容が共通していないのなら話す必要はありません。

現在、Ａ社とＢ社が最終面接の結果待ちです。Ｃ社は三次面接まで進み、次が最終面接です。Ｄ社は、三次面接の結果待ちです。ですが、私の第一志望はあくまで御社です。

　他社の進行が順調な場合は、積極的に話すようにしましょう。「他社も狙っている優秀な人材ならば、早く内定を出して確保しなければならない」と面接官が考え、内定告知が早まるケースも数多くあります。当然、第一志望であることは強調してください。実際そうではなくても、そこは正直になる必要はありません。

同業のＡ社とＢ社から内定をいただきました。Ｃ社は最終面接の結果待ちです。他業界ですが、仕事内容に共通点があるＤ社を受け、三次面接の結果待ちです。以上ですが、私は御社が第一志望です。よろしくお願いいたします。

　同業他社の進行も順調で、別業界の企業も仕事内容が共通している点をアピールしているこの回答も、高評価です。優秀な人材であり、志望動機もぶれていないと面接官に受け取ってもらえるでしょう。ただ、他社の内定を伝える場合は注意が必要です。企業によっては各内定先のどこがよかったのかを問う場合もあります。

Q18

もう内定はもらっていますか？
当社は第一志望ですか？

［入社志望度］

よく似た
質問

- 当社に受かった場合、就職活動はどうしますか
- 当社も含めた志望順位を教えてください
- もし当社の結果が思わしくなかった場合、進路はどうなりますか

着 眼 点

　これは純粋にあなたの就活状況を知りたいと思って聞いている場合と、必ず入社してもらえる確率を測りたい場合、発言内容から考えて当社へ就職する本気度があまり高くないと感じた場合にされる質問です。この質問がされた場合、第一志望と答えなければ採用の決め手に欠けるとして見送られる可能性が高くなります。

残念…

　頑張っているのですが、内定はまだもらっていません。どの企業でも構わないので、絶対にこの業界で働きたいと思っています。

　まず、応募先企業を第一志望と答えていない時点でNGです。また、どこからも内定をもらっていなければ、内定が出ない理由について言い訳はせず、業界研究・企業研究不足や自分の能力不足などを認め、落ちている原因や改善策を伝えることが回答のポイントになります。

はい、A社から内定をいただいています。また、B社とC社は最終面接の結果待ちです。ですが、御社から内定をいただければ、もちろん辞退します。そして、〇〇資格の取得に向けた勉強を開始し、来年からの仕事に備えます。

本当にその会社に入りたいと思っているなら、他社の内定は断るのが普通ですので、明確にその意志を伝えるこの回答を聞けば、面接官は安心するでしょう。さらに、それが口先だけでないことを示すために、その企業の業務に必要な資格取得を目指しているという発言は、高評価に繋がります。

もちろん御社が第一志望です。理由は、御社の〇〇に大変惹かれているからです。〇〇の営業というのは御社しかできません。だから、ぜひ御社に入って全身全霊で頑張りたいと思います。

一次面接などの初期の段階の面接では、第一志望と言わなくても落とされることはありません。ですが、二次、三次の面接では、内定辞退されるのを避けるため、第一志望と言わないと落とされる可能性があります。その企業が第一志望である理由を考え、しっかりと説得力を持って伝えてください。

どうしても「第一志望」と答えないとダメ…? → P237

Q19

当社の短所は
どこだと思いますか？

［分析力］

よく似た
質問

- ● 当社の魅力はどこですか
- ● あなたが当社の社長だったら、まず何をしますか
- ● 当社のホームページを見た印象を教えてください

この質問は、単純に欠点を指摘して欲しいのではありません。短所、すなわち<u>応募先が克服しようと努力を続けている課題を見つけられるかがポイント</u>です。そして、その課題に入社後の自分が関わり、改善していく方法を語れば、さらによい評価を得る可能性が高まります。

御社の短所を、あえてひとつ言うなら、商品のデザインがやや地味で、古い感じがします。高齢者層に絞って商品展開をしていることは分かりますが、もっとスマートなデザインにして、若者層にもアピールしたほうがよいと思います。

　応募先企業がそもそも高齢者向け商品に重点を置いている企業でしたら、この回答は的外れです。また、「地味」や「古い」などは主観的な感想にすぎず、客観的な根拠に基づいていないのもマイナスです。

> **good**　新聞報道されていた○○の売上低下が気になります。特に10代の売上低下が目立ちます。御社は現在、10代にアピールするため、SNSに特化したキャンペーンを行っていますが、SNSの利用の仕方にもうひと工夫する余地があると思います。例えば、動画系SNSをもっと活用してはいかがでしょうか。

　新聞報道という客観的根拠に基づいた短所の指摘は、高い評価に繋がります。また、現在進行中のキャンペーンについて把握している点もプラスポイントに。さらに、問題点を指摘するだけでなく、その問題を解決するために新たな方法を提案している点も高評価です。ほぼ完璧な回答といえます。

> **good**　御社の○○様とお会いしたときに伺ったことですが、短所がひとつだけあると思います。それは、設立以来、高齢者層をターゲットとした商品戦略だったため、若年層向けの商品が手薄になっていることです。私は御社に入社したら、若者向けの新商品を提案したいと思います。

　OB・OG訪問での取材で得た情報も、客観的な根拠となります。社内で実際に働いている人の意見ですから、より的確に短所が浮かび上がってくるでしょう。社内にいて問題に気づきながら、これまで解決できなかったというのは、それを担える人材がいなかったからかもしれません。積極的な新規提案は高評価になります。

Q20

業界の課題をあなたなら どう解決しますか？

[業界理解度・課題解決能力]

よく似た
質問

- 想定していない課題に直面したときのことを聞かせてください
- 当社製品への顧客の不満に対してどのように対処しますか
- 課題に直面したとき、どのような行動を取りますか

着 眼 点

問題解決能力が備わっているかを確認しています。企業は、入社後に起こる問題に対してどのように取り組むのかを評価するために質問しています。必要な情報を収集して理解を深め、問題解決に導いた経験を基に、論理的に説明することが鍵となります。

残念…

業界全体の課題として、少子高齢化が考えられます。今後、ますます少子化が進むため、子どもを対象とするこの業界で問題を解決するのは難しいと思います。

少子高齢化自体は、確かに日本全体が抱える問題ですので、根本的な問題の解決は難しいでしょう。しかし、業界を盛り上げる工夫は数多くあるはずですので、最初から諦めるのではなくどうすれば現状を少しでも改善できるのかを伝えましょう。

まず御社にある問題を明確にした上で、業界の問題に取り組みたいと考えています。私はボランティアで東南アジアに滞在した経験があります。そこで、根本的な問題を明確にしてから具体的な解決策を立てることの大切さを学びました。御社が抱える問題を根本的に解決できるようなコンサルティングを行い、業界の問題を明確化し解決していきたいと考えています。

　自分の経験を基に問題を解決しようとする意欲は伝わりますが、業界の問題を把握できていません。業界分析が不足していると取られてしまう可能性もあるので、自分が志望する業界の具体的な課題を話し、その上で自分の経験をどう生かすか話すとよいでしょう。

　近年、消費者の購買行動が「モノ消費」から「コト消費」へとシフトしてきているのが業界全体の課題だと考えます。御社は店内のレイアウトを工夫し、ワクワクする空間づくりに取り組んでいらっしゃいますが、今後はエステティックサロンなど体験型のサービスも取り入れた新しい売り場を作っていくことで、もっとお客様のニーズに応えることができるのではないかと思います。

　企業が取り組んでいることを踏まえ、ブラッシュアップした提案ができている点は高評価です。完璧な解決策を示す必要はありませんが、学生なりに真剣に考えていることが伝わる回答が求められます。

Q21

この仕事で大切なことは 何だと思いますか?

[企業使命の理解]

よく似た質問

● あなたにとって働くとは何ですか

● 仕事のやりがいとは何だと思いますか

● 当社で働く意義はどういうところにあると思いますか

着 眼 点

応募先が感じている使命を、きちんと理解できているかどうかを確認しています。どの業界にも共通する表面的な意見を求めているのではなく、応募先の仕事内容を踏まえた上での回答を期待しています。その企業の存在意義を念頭に置いた回答を意識しましょう。

残念…

　私は自分が楽しみながら働けるかどうかが大切だと思います。その理由は、結局、楽しいと感じられなければ打ち込むことはできないですし、長続きもしないと思うからです。

　この回答は自分の都合だけを語っていて、一切仕事に役立つ能力や資質が感じられません。また、このような回答をした就活生に対して面接官は、キツイ仕事だとすぐやめてしまうのではないかと感じてしまいます。

御社の業務で大切なことは、常に専門知識の習得を怠らないことだと考えます。○○の技術は日々進歩していますので、たとえ1日でも休む人はプロとはいえないと思います。そして、この姿勢で努力することによって、御社の理念である「最高の安全は、最高の技術から」が達成できると思います。

　これは惜しい回答です。応募先企業の理念をしっかりおさえているのはよいのですが、日々努力して学び続ける必要があるのは、どの企業でも同じです。この回答ですと、表面的なものと受け取られてしまいます。応募先企業の業務内容にもう一歩踏み込み、具体的な回答をしましょう。

　私が思う大切なことは、「お客様の要望には1秒でも早くお応えすること」だと思います。これはファストフード店でのアルバイトを通して痛感したことです。保険会社である御社は、お客様の不安を解消することが使命だと思います。そのため、御社の理念である「迅速な対応」に、とても共感しました。

　アルバイトなどの自分の体験を企業の使命や理念に結びつけることも高い評価に繋がります。企業理念を覚えておいて、それを正解として言うのではなく、自分自身の体験から出た言葉として言うことが大事です。また同時に、なぜそのような使命や理念が大切かを、応募先企業の仕事内容に即して答えるようにしましょう。

Q22

ベンチャー企業のメリット・デメリットに関して、どのように考えていますか？

[企業理解度]

よく似た質問

● 当社の強み（弱み）は何ですか

● 企業を選ぶ際の軸はありましたか

● なぜこの業界を選んだのですか

着 眼 点

　企業やその業界について正しく理解できているかを確認しています。事業の内容や業界内での位置などについて正しく理解しておく必要があります。志望度の高さをアピールするためにも企業の理解は必須になるので、業界・企業研究をしっかりと行いましょう。また、大企業の面接では、ベンチャー企業と比較した質問をされることもあります。

残念…

　　　　　ベンチャー企業のメリットは、大企業と比べて社内の雰囲気がよいところです。自分に合っていて働きやすいと感じました。デメリットはありません。

　デメリットがなく完璧であるという主張は控えましょう。面接官に「業界・企業研究が足りていない」というマイナス評価をされる可能性があります。また、メリットに関しても具体性がなく、上辺だけの回答と思われてしまわないよう、根拠を入れ説得力をつけましょう。

私が考えるメリットは、働き方に自由な部分が
あるところです。一方、デメリットは給与が大企
業と比べると低い傾向にあるところです。これら
を踏まえ、私はベンチャー企業の方が自分のよさを発揮でき
る環境であると感じ、御社を志望しました。

　メリット・デメリットともに回答されている点はよいのですが、具
体例がなく、根拠が薄れてしまっています。また、なぜ自分のよさが
発揮できる環境なのかが伝わりません。企業研究をしっかりと行い、
応募先の特徴を理解していることが伝わるような話を入れることで、
印象がよりよくなります。

　　　ベンチャー企業のメリットは新しいことに
チャレンジしやすいところだと思います。大
企業と比べて素早い意思決定ができ、御社の
ように最先端の技術を使ったサービスを展開できる点が
魅力的です。
　デメリットは組織や制度が発達途上であることかと思
いますが、私は若手のうちから会社を支える即戦力とし
て働きたいと思い、ベンチャー企業を中心に就職活動を
しています。

　就職活動の軸が伝わる、よい回答です。この回答で、「大企業に落ち
てしまったから仕方なくウチを受験しているのではなく、最初からベ
ンチャー企業を志望しているんだな」と思ってもらえるでしょう。こ
のような質問が来たら、志望度の高さをアピールできるチャンスです。

Q23

転勤が多い仕事ですが大丈夫ですか?

[仕事内容の確認]

よく似た質問

● 土日に勤務することもありますが大丈夫ですか

● 残業がありますが大丈夫ですか

着　眼　点

　入社後に「聞いていなかった」という齟齬(そご)がないよう、仕事内容の理解を確認する質問です。じつは転勤が不可だったとなると、会社組織を運営していくことに支障が出てしまいます。仕事をする上で必要なことが理解できているのかどうかを確認する意味もあります。

good　はい、大丈夫です。日本中の色々な町で働けるのが楽しみです。それに、父親の仕事も転勤が多かったので、全国を回るのは幼少のころから慣れています。

　転勤には、視野や人脈が広がるなどの利点もあるので、プラス思考で受け入れてください。企業が安心して転勤を命じられる人であることをアピールしましょう。例えば、「住み慣れた地域で働きたい」というのは、転勤を断る理由にはなりません。その企業で働きたいなら、働き方についてあらかじめ理解しておくことも重要です。

Q24

希望する部署に配属されなかったらどうしますか?

[企業理解度]

よく似た質問
- 希望する部署はどこですか
- 希望の職種以外に興味のある職種はありますか

着眼点

会社の全体像が理解できているのかどうかを確認しています。さまざまな部署が連携して会社の経営は成り立っているので、特定の部署にしか興味がなく、その部署に配属されるなら他の会社でもよいなど、応募者が自分の都合を優先していないかどうかを確認しています。

どんな部署でも一生懸命頑張ります。なぜなら、私が希望する部署で働いているA様も、B様も、最初の配属はまったく別の部署だったとうかがっているからです。どの部署であっても、御社で働けることの意義に変わりはありません。

　自分の都合を優先して部署にこだわるのではなく、その企業で働くこと自体に意義を感じていることを強くアピールしましょう。企業は、その人の能力が最大に伸びると考えた部署に配属します。希望しない部署でも、柔軟に受け入れてください。

Q25

あなたを色にたとえると？

[あなたの本質]

よく似た質問

● あなたを動物にたとえるなら何ですか

● あなたを家電にたとえるなら何ですか

● あなたを漢字一文字でたとえるなら何ですか

着 眼 点

　質問対策ができない質問の代表例です。採用面接で聞かれることはマニュアル化されているところもあるので、質問対策をしてきている応募者も少なくありません。このようにマニュアル本などには載っていない質問を投げかけることで、応募者本来の姿が浮き彫りにされ、それまでの評価に間違いがないかを確認することができるのです。

残念…

　私を色にたとえると、赤だと思います。幼少から情熱的な赤色が好きで、持っている洋服や小物なども赤色のものが多いからです。

　自分が「好き」ということと、自分を色にたとえることは別ですので、この回答はNG。「情熱的な赤」というワードを出すなら、自分がいかに情熱的な人間かというエピソードを交えながら回答しましょう。

> **good** 青色です。中学、高校とサッカー部に所属していて、偶然、どちらもホームのユニフォームが青色だったため、とても思い入れがある色です。今でも青色を見ると、苦しかった練習と、チームで勝利したときの喜びを思い出し、頑張ろうという気持ちになります。

　中学、高校時代に体験したエピソードに基づいて話しているので説得力があり、高評価です。面接での回答の多くにあてはまりますが、面接官が一番知りたいことはあなたの「人となり」です。可能な限り具体的なエピソードを入れて、あなたがどんな人なのかがきちんと伝わるように話してください。

> **good** 暖かみのあるオレンジ色です。暖色系の色は食欲を増進させるといいますが、私は食べることが好きで、家で使っている食器もオレンジ色を中心に暖色系のものが多いです。食品メーカーを志望している私としては、暖かみのある色に囲まれながら、みんなに楽しく食事をしてほしいと考えています。

　自己PRや志望動機を自然に盛り込みながら自分を色にたとえることができれば、それも高い評価に繋がります。例えば、食品メーカーの面接では、食べ物とあまり結びつかないような「黒色が好きです」などと答えるのは避けるようにしましょう。もちろん、ゴマや海苔が大好きなど、特別な理由があれば構いません。

Q26

アルバイト先のオススメ商品を教えてください

[ビジネス感覚]

よく似た質問

- ● オススメの本を紹介してください
- ● オススメの映画を紹介してください
- ● あなたの一番の友人の長所を教えてください

着　眼　点

お客様目線を意識しながら働くことができるのかどうか
を確認しています。オススメ商品を問うことで、あなたが
その職場や商品を好きになれるか、好きになろうとしてい
るのか、自分がそこに所属している意味やお店の印象を
考えた行動をしているのかも確認できます。

残念…

　……う〜ん、そうですね。色々ありますが、私
がアルバイトしていた喫茶店のオススメ商品は、
パンケーキです。とにかくおいしくて、初めての
お客様には必ずオススメしていました。

　すぐに答えられないのはNGです。また、「とにかくおいしい」と
いうのは個人の感想です。お店側やお客様の視点も考慮に入れながら、
なぜその商品がオススメなのかを、客観的なデータやエピソードを交
え、説得力を持った回答をするようにしましょう。

私がアルバイトをしていた文房具店のオススメは、イギリスから輸入していた12色の色鉛筆です。お店でもこの商品には力を入れていて、売りにしたいということでしたので、私も力を入れて販売しました。

　この回答では、お店がその商品を売りにしていたということは分かりますが、なぜオススメなのかの説明がありませんし、お店に言われたから売ったというのも受け身すぎます。ちなみに、「〇〇が一番多く売れていました」という回答もよく見られます。これは、客観的データに基づいてはいますが、理由の説明がないと NG です。

 　私は自然素材を使ったコスメショップでアルバイトをしていました。オススメ商品は、オリーブが原材料の石鹸です。お店が小豆島の農家から原材料を直接仕入れて自社で作っているもので、私も使っていましたが、長年の肌の悩みが解決しました。そのため、お客様にも自信を持ってオススメしていました。

　お店が農家と直接取引して自社で作るほど力を入れている商品であること、さらに自分も使って効果があったというエピソードがあるため、説得力があります。自分の視点、店側の視点、お客様の視点がすべて揃っているこの回答は、全体をバランスよく見ていて理想的な回答といえるでしょう。

Q27

最近気になったニュースは何ですか?

［業界への関心］

よく似た
質問

- 最近友人の間で話題になったことは何ですか
- 最近感動したことは何ですか
- ひとつ夢が叶うとしたら何をお願いしますか

着 眼 点

業界への関心の高さを確かめる意味もありますが、そのニュースによって自分がどのような学びや考えを得ているのかも問われています。志望している業界に関連することであり、自分にも何か影響を与えるような内容が効果的です。暗いニュースよりも明るいニュースを選択し、内容に対して批判的にならないよう気をつけましょう。

惜しい…

地球温暖化のニュースです。気温の上昇を1.5度以内に抑えないと、集中豪雨や台風、洪水など異常気象が頻発すると知り、怖くなりました。

地球温暖化は、近年の世界的な議題ですが、面接で話すには深刻な話題すぎます。また、批判的な内容も、面接でのアピールには適しません。あなたの志望している業界や企業との関連のあるニュースを選び、あなたがなぜそのニュースに関心を持ったかを伝えましょう。

SDGsのニュースに関心を持っています。日々、気候変動などのニュースに触れ、将来の私たちの暮らしを守りながら企業活動を継続していくためには、持続可能な社会が必要だと痛感しています。そのため、御社の新製品である「エコ〇〇」に大変関心を持っており、私も普段から利用しています。

SDGsも近年の大きな話題です。この回答では、持続可能な社会の実現という前向きな話題として話しているので、好印象です。また、しっかり企業研究をして志望企業の新製品とも結びつけているため、高い評価となります。面接官は、あなたが本気でSDGsに関心があることを理解し、志望動機も本気であると受け取ります。

厚生労働省が新しい育毛剤を認可したというニュースを先日目にして、とても楽しみにしています。じつは父親も祖父も薄毛で悩んでおり、自分も将来を心配しています。しかし、このニュースを知り、希望が見えてきました。

この回答は、社会全体の大きな話題ではありません。また、志望業界や企業とも関係のない、個人的な関心を述べたものです。ですが、なぜこのニュースがその就活生の興味を引いたのかがよく分かり、人柄も伝わりやすいため、面接官の印象に強く残るでしょう。このような回答も高い評価に繋がります。

Q28

今日の面接は何点ですか？

[自己客観視]

よく似た
質問
● 今日の面接から学んだことはありますか

● あなたが面接官なら、自分自身を採用しますか

● 今日の面接の反省点はありますか

着　眼　点

　この質問では、何点をつけるかより、なぜ自分でその点数をつけたのかの理由の説明が重視されます。つまり、どれだけ自分を客観視できているが見られているのです。もし、80点なら、足りない20点は何だったのかを説明しましょう。もちろん、100点でも構いませんが、100点である理由の説明が必要です。

残念…
　30点です。考えていたことの半分も伝えられませんでした。想定外の質問に、とっさにうまく答えられなかったことも心残りです。

　基本的に、この質問では低すぎる点数を答えるのはやめましょう。面接官は、そんな自信のない状態でここに来たのか、準備が足りないのではと受け取ってしまいます。謙遜から低い点数をつけてしまいたくなりますが、最低でも50点以上はつけるようにしてください。

126

はい、80点です。残りの20点は、あがってしまい、自分をうまく出せなかったからです。

　自己評価を80点とそれなりに高くつけ、足りない20点の理由もきちんと説明していますが、惜しい回答です。なぜなら、足りない点数の説明が「あがってしまった」というネガティブな理由であるためです。足りない部分を説明する際は、できるだけポジティブな理由を伝えましょう。

80点です。残りの20点は、高校時代に趣味の音楽関係のフリーペーパーを作っていたことを話す機会がなかったためです。私は高校時代、友人とバンド活動をしていて、バンドの宣伝もかねてフリーペーパーを作っていました。今でも、休日には自宅でギターを弾くことが趣味です。

　こちらも80点の自己評価ですが、足りない20点の説明がポジティブなものであるため高い評価となります。足りない点数の理由を説明するときは、面接で伝えきれなかったことを補足したり、さらにアピールしたりするための絶好のチャンスです。ぜひ、有効活用してください。

Q29

最後に何かアピールしたいことはありますか?

[自己PR]

よく似た質問

- 何か補足的に伝えたいことはありますか
- 最後に確認しておきたいことはありますか
- 言い忘れたことはありませんか

着 眼 点

これは面接で自分の言いたいことを納得いくように話せたかどうか、言おうとしていたことが悔いなく言えたかどうかを面接官が確認している質問です。就活生が自分を出し切れないままの状態で選考が進んだ場合、お互いが不幸になってしまうので、それを防ぐために聞いています。

残念…

先ほども申し上げましたように、大学2年生のときフルマラソンを完走したことです。途中で諦めかけましたが、無事にゴールすることができました。私はどんな苦難も乗り越える自信があります。

　すでにアピールしたことを繰り返すのは、絶対にNGです。「先ほども申し上げましたように」という最初の言葉を聞いた途端、面接官は新規のアピールはないのかとガッカリし、評価を下げてしまいます。「特にありません」と答えるのも、当然、評価が下がります。

はい、まだ言っていないことでぜひアピールしたいことがあります。それは、ゼミのレポート発表のため、地元の神社仏閣を1週間で30か所以上回り、取材したことです。御社の営業部に入ることができましたら、そこでも足を使って、積極的に営業先を回りたいと思います。

　ゼミでの活躍を伝えるこのアピールは高評価となります。1週間で30か所以上の神社やお寺を回って取材したというエピソードは数字的裏付けもあり、面接官の印象に残ります。さらに、入社後の仕事にも結びつけているため、期待できる人材であることが強くアピールできています。この回答で、評価は何倍も高まるでしょう。

まだお伝えしていないことで、ぜひアピールしたいことがあります。私はSNSで趣味である自作のマンガを掲載していて、3千人のフォロワーがいます。SNSでの発信に力を入れている御社の仕事においても、この経験はきっと役立つことだと思います。

　仕事に活かせる趣味など、学外での活動のアピールも高評価に繋がります。この回答例の場合、SNSに掲載した画像をその場で面接官に見せることができれば視覚的な効果も大きく、強烈なインパクトを与えることができるでしょう。面接前半では言い出しにくいアピールポイントであっても、どうすれば面接官の印象に残るかを考えて、この質問で一発逆転を目指してください。

他にもこんな質問が

 あなたの企業選びの基準は?

　この質問は、就活生がどのような仕事をしたいと考えているかをチェックするものです。回答が自社の業務内容や社風と合致するものでしたら本気の志望と受け取りますし、ずれていれば本気ではないと判断します。志望企業の方向性に合わせながら、仕事に対する明確な意識をアピールしてください。

 自分をひと言で表現してください

　「明るいです」とか「前向きです」といった抽象的なものではなく、例えば「粘り強さナンバー1です」といった具体的な回答をするようにしましょう。そして、理由の説明に志望動機や自己PRを自然に盛り込めればベストです。似た質問に、「自分にキャッチフレーズをつけてください」などもあります。

 あなたの夢は何ですか?

　プライベートの夢ではなく、仕事に結びついた夢を回答してください。その企業の志望理由と密接に繋がっているのが理想的です。例えば、水のろ過装置を作っているメーカーなら、「私の夢は世界中の人々に安全な水を届けることです。御社の製品の〜」といった回答が高い評価になります。

職場の雰囲気と仕事のやりがい、どちらが重要ですか?

　これは「もちろん、仕事のやりがいです」と答えるほうが一般的には高評価となります。そちらのほうが、自ら積極的に動く人だという印象を持ってもらえるためです。「雰囲気重視」ですと、受け身の感じがしてしまいます。もし、本気で「雰囲気重視」でしたら、「雰囲気がよければ集中しやすい」など、自分の能力を発揮するための環境として、どんな環境がよいのか説得力のある理由を言うようにしましょう。

社会人と学生の違いは何だと思いますか?

　「責任感の有無」といった抽象論や一般論で終わるのは避けてください。「学生」とは現在の自分、「社会人」とはその企業で働いている自分と考え、自分は志望企業でどう働くかを明確にして、伝えましょう。例えば、「社会への貢献度です。御社のサービスである〇〇は、多くの人々の健康に役立っていて〜」といった回答が理想的です。

当社までの交通手段を教えてください

　採用後に無理なく通勤できるか判断するための質問です。無理なく通勤できるか、早朝出勤や残業にも対応できるか、質問事項に分かりやすく回答できるか、の3点を主に確認しています。交通手段について聞かれた場合、具体的な交通手段の名称、どのくらい通勤に時間がかかるかも盛り込んで答えるようにしましょう。また、通勤時間が長い場合は「大学時代も毎日1時間半かけて通っていましたが、遅刻したことはありません」などと答えることで、安心してもらえます。

あなたに影響を与えた人は誰ですか?

　この質問では、人生全般への影響ではなく、基本的には仕事観・職業観に影響を与えてくれた人物を答えるようにしましょう。名前を挙げるのは、歴史上の人物でも先生などでも構いません。また、どのように影響を受けたかの説明は、できるだけ具体的に伝えてください。

友人は何人いますか?

　この質問への回答は2パターンあります。ひとつは、人数の多さで社交性をアピールする。もうひとつは、少ない人数でも、その人たちから自分がどう見られているかを加えて、自己PRに繋げていくというものです。前者の場合は、単に人数を自慢するのではなく、それぞれの人間関係を大事にしていることや、自分にとってその人間関係がどんな意味を持っているかも説明してください。

あなたは人からどう見られていますか?

　「アルバイト先の店長からは、頼りになる人だとよく言われます」など、人から指摘されたことのあるセールスポイントを述べ、さらになぜそう言われたと思うか、具体的なエピソードを交えながら回答しましょう。ちなみに、指摘してくれた人は友人など同世代の人よりも、目上の人のほうが説得力が増します。

当社の株価は?

　上場企業を受験する場合、毎日、株価を確認しておくのは基本です。面接官は、本気で就職するつもりなら、知っていて当然と考えます。答えられなければ、企業研究不足と受け取られても仕方ありません。その他にも、社長名、資本金、主力商品、過去のヒット商品などについて聞かれることもあります。

知っている範囲で、当社の事業内容を説明してください

　これも、企業研究がしっかりできているかを確認するための質問です。事業内容は、会社案内やホームページなどに出ているので、事前にしっかり調べてから面接に臨みましょう。「業界内のシェアは〇パーセントで1位です」など、具体的な数字を盛り込みながら説明できれば、他の就活生との差別化ができます。

当社と〇〇社の違いは何だと思いますか?

　企業研究をしっかりやっていれば、当然、同業他社であるライバル企業のことも知っているはずです。企業ホームページや新聞、経済誌、店舗見学、OB・OG訪問などでリサーチした情報をもとに違いを分析し、明確に答えられるようにしましょう。その際、抽象的なイメージではなく、データなどはっきりした根拠に基づいて回答するようにしてください。

当社の新商品をどう思いますか？

　これも、企業研究がしっかりできているかをチェックする質問です。実際に使ってみた感想や、新聞・雑誌での分析データ、旧商品や同業他社の商品との比較など、具体的に答えるようにしましょう。「当社のCMをどう思いますか？」や「当社のホームページをどう思いますか？」といった質問もよくあります。

店舗見学をしましたか？

　この質問は、インターネット上での情報収集だけでなく、実際に現場に足を運んで企業研究をしているかをチェックするものです。最近は事前に店舗見学を義務づけている企業もあり、店舗見学は重視されています。実際に自分の目で見て、店舗の改善のアイデアや、同業他社との比較などを回答しましょう。

OB・OG訪問はしましたか？

　就活生の本気度を確かめるための質問です。志望度の高い就活生の多くは、OB・OG訪問をしています。訪問で得た情報をもとに、志望動機と絡めながら回答しましょう。もしOB・OG訪問ができなかった場合は、かわりに店舗見学や会社説明会で社員に質問をしておき、そこで得た情報をもとに回答してください。

新商品（新サービス）を作るとしたら、どのようなものが作りたいですか？

　その企業に本気で入りたいと考えている人なら、入社後に自分がやってみたいことのひとつや、ふたつはあるものです。温めていたアイデアを積極的に話しましょう。他の就活生と差別化を図るポイントは、そのアイデアに具体性があるか、売上が期待できるかなどです。また、複数のアイデアを提案できれば評価は高くなります。

もし不採用だったらどうしますか？

　この質問の意図は、就活生のストレス耐性を見ることにあります。
　「非常にがっかりします」といったん受け入れても、「そんなことはないと思います」と否定しても構いませんが、そのあとに必ず、自分を採用するとどのようなメリットがあるかをアピールしましょう。「残念です。来年も受けます」など、あっさり引き下がらないようにしてください。

**人間関係で苦手な人はどんな人ですか？
そういう人がいたらどのように対応しますか？**

　無理に「苦手な人はいません」と答えなくても大丈夫です。誰でも苦手なタイプの人はいて当然です。ですから、正直に「こういうタイプの人は苦手です」と答えましょう。ただ、それで終わりにするのではなく、苦手なタイプの人に対して、自分がどのように努力して交流しているのかを具体的に説明してください。

新しい環境ではどのように対応するタイプですか?

　入社や配属などで新しい環境に入れられたとき、柔軟に対応できるかをチェックするための質問です。もちろん、「慣れるのに時間がかかります」といった回答は避けましょう。新入学、引っ越し、転校、入部など、自分がこれまでの人生で環境が変わったとき、どのように対応してきたかを前向きに話してください。

人生をやり直せるとしたら、どこからやり直したいですか?

　この質問は、就活生のアドリブ力を試すためのものです。回答は、「やり直したいと思わない」でも、「あのときのことをやり直したい」でも、どちらでも問題ありませんが、その理由をしっかり説明してください。また、やり直したい場合は、後悔だけに終始するのではなく、前向きな結論に結びつけるようにしましょう。

あなたを採用するメリットを教えてください

　これは、面接があまりうまくいっていないと面接官が感じたときに出がちな質問です。面接官は、なんとか就活生に挽回のチャンスを与えようと思って質問しているので、ここで自信がなさそうなことは絶対に言わないようにしましょう。ラストチャンスだと気を引き締めて、積極的に自己アピールをしてください。

効果抜群!
内定に近づく面接対策

志望動機はどう作ればよいの? 自己PRは何を話すべき?
自己分析や企業分析が大事、とよく聞きますが、
面接までに、何をすればよいのでしょうか。

志望動機で求められること

就活生が最初に悩んでしまうのが志望動機の作り方です。企業がなぜ、志望動機を求めるのかを考えてみましょう。

企業が志望動機を求める理由

　志望動機を問わない企業はありません。面接の最初なのか、途中なのか、最後なのかは別にして、「なぜ当社を志望したのですか？」という質問は間違いなく出ます。

　企業が志望動機を聞く理由は、就活生に対して不安があるからです。その不安は、大きく分けて次の3つです。

①**内定を出しても辞退されるのではないかという不安**。本心から自分の会社に入りたいと思っているのかを志望動機から探りたいのです。

②**入社したあとすぐに辞めてしまうのではないかという不安**。漠然とした憧れだけで入社したはよいものの、実際の仕事の厳しさにぶつかった途端、すぐに辞めてしまう新入社員もいます。それを防ぐため、本当に自社の業務内容や仕事内容を理解した上で志望しているのかを確認しています。

③**その就活生が入社したあと、仕事についていけるのかという不安**。業務内容や仕事内容はきちんと理解していて、熱意もある。しかし、そもそもスキルやポテンシャルが足りなくて仕事についていけないということがあります。そうならないために、自分の向き不向きなどをどれくらい客観的に把握できているのか、志望動機を通してチェックしたいのです。

企業の不安を全部なくそう

　企業は3つの不安から志望動機を聞いてくるのですから、就活生は その不安を全部なくすような志望動機を作らなければいけません。

　1つめの内定辞退の不安に対しては、「なぜ他社ではなく、御社を志 望しているか」を明確にすることで、安心してもらいましょう。

　2つめの離職への不安に対しては、業界やその企業の事業内容、仕 事内容のどこに興味があるのかをはっきり伝え、**憧れからではなく、 しっかりと仕事を理解した上で志望していること**を伝えてください。

　そして、3つめのスキルやポテンシャルへの不安に対しては、自分 の強みや経験、学んできたことをアピールし、「だから御社で活躍で きる」と、きちんと説明しましょう。

> ここも確認!
>
> ▶ 志望動機がただの憧れになっていないか？
> ▶ 仕事内容をしっかり理解できているか？

企業研究と自己分析の合わせ技

　企業の抱く3つの不安をなくすことができる志望動機を作る上で、 重要になってくるのは企業研究と自己分析です。

　内定辞退の不安と、離職の不安をなくす志望動機を作るためには、 深い企業研究が欠かせません。新聞、雑誌、OB・OG訪問なども利 用して綿密な情報収集をしてください。

　3つめのスキルやポテンシャルへの不安を打ち消すためには、的確 な自己分析をし、自分のどの能力が、その企業のどの分野で活かせる かまで具体的にイメージできるようにしましょう。

志望動機に入れるべき要素

志望動機に必要な要素はある程度決まっています。志望する企業と自分がどのくらいマッチしているのかと志望度の高さが伝わる志望動機を目指しましょう。

具体的なエピソードや数字で裏づける

　説得力ある志望動機を作るためには、企業研究と自己分析をベースに、具体的なエピソードや数字など裏づけも大切になります。

　子ども向け製品のメーカーを志望する場合、単に「子どもが好きだから、御社で働きたいと思っています」よりも、「遊園地でアルバイトをしていた経験があり、2年間で○万人以上、笑顔の子どもたちを見てきました。そのため、ひとりでも多くの子どもを笑顔にできる仕事に就きたい気持ちがあり、御社で働きたいと思っています」としたほうが、何倍も説得力が増します。

何もエピソードのない人はいない

　例えば、「子どものときに大きな怪我をして、長期入院していた。そのとき、病院で親切にされ、支えられたことで本当に助かった。だから、MR（医薬情報担当者）の仕事に就きたいと思うようになった」といった志望動機は、かなり説得力のあるものです。

　ただ、誰もがこれほど分かりやすいエピソードを持っているわけではありません。しかし、だからといって自分には特にアピールできるようなエピソードはないと、すぐに決めつけてしまうのはやめましょう。

▶ 将来のキャリアビジョンも伝える

　自分の強みや経験、学んできたことを、入社してから仕事のなかでどのように活かしたいか明確に伝えることは、とても大切です。しかし、その自己分析は現時点のものにすぎません。

　ワンランク上の志望動機にするためには、現時点だけでなく、将来のキャリアビジョンも伝えるようにしましょう。入社後、○○の資格の勉強をして、5年後にはこんな仕事をしたい。10年後にはさらにスキルアップして、こういった仕事もやってみたいということも堂々とアピールするのです。ただし、ビジョンがあるのはよいのですが、配属先は分からないので、「この仕事しかしたくない」といった伝え方にならないよう気をつけましょう。

▶ 企業の将来像も予測する

　キャリアビジョンは自分の未来予想図ですが、それだけに留まらず、企業の将来像の予測も含めた志望動機にすることができれば、さらに高く評価されます。

　企業の現在の事業内容が、5年後、10年後も変わらないとは限りません。ですから、**予測が当たるかどうかは別にして、5年後、10年後の企業の姿を考え、そのなかで自分がどういった役割を果たしたいかを伝えるのです。**企業のほうも、よくそこまで自社に関心を持ってくれたと喜んでくれます。

　業界や企業の将来像を予測するためには、幅広く情報を集めながら未来のニーズを予測するくせをつけましょう。

説得力のカギとなるのは 自己分析

就活をする上で、「自己分析」という言葉をよく耳にすると思います。
なぜ自己分析が重要なのか、どんな目的があるのか、見ていきましょう。

就活は、まずは自己分析から

　自己分析の目的は、自分の特徴を理解し、自分を客観視することです。就活では自己分析が重要とよく聞きますが、それはESでも面接でも、企業から選考で問われる内容はすべて「あなたという人はどんな人か」に終始するためです。自分の特徴や性質を言語化しておくことで、自分のことをよく知らない人に「自分はこういう人間です」ということを分かりやすく、説得力を持って伝えることができるのです。

　また、自分の特性が分かれば、具体的にどの企業を受けるかを決めやすくなります。つまり、就職活動全体の方向性を定めることに繋がってくるのです。自己分析で自分の特性をしっかり掴めていれば、面接で必ず問われる志望動機やキャリアイメージを明確に伝えることができます。自分の就職活動の軸を定めるためにも、自己分析はきちんと行いましょう。

　自己分析のポイントは、自問自答を繰り返すことです。過去の出来事や経験を書き連ねるのは簡単です。しかし、**自己分析で重要なのは、なぜその結果になったのか、なぜその経験をするに至ったのか、そのとき、なぜその感情を抱いたのかです**。自問自答を繰り返すことで、細部まで自分の価値観や本質が見えてきます。

▶ 自己分析を志望動機に組み込む

　自己分析に終わりはありませんが、ある程度自分の就職活動における軸が見えてきたら、志望動機を書きましょう。自己分析の結果を組み込むことができれば、志望動機の説得力が増します。

　内定が取れる志望動機にするためには、自分のやりたいことと企業の事業内容が一致していることはもちろん「**なぜ、その会社でなければいけないのか**」をきちんと伝える必要があります。的確な自己分析ができれば、自分に合っているのはどんなジャンルの業界か、どのような社風か、どのような働き方かなど、目指す方向も決まってきます。

- ●やりたいこと
- ●なぜそれをやりたいのか？
- ●やりたいことと会社の事業内容の一致点

　以上のポイントは、自己分析から導かれるものです。志望動機に組み込みましょう。

▶ 第三者の視点も参考にしよう

　自分年表などを作ってみても、自分では使えそうなエピソードが見つけられないという人もいるかもしれません。そういうときは、友人や先生、キャリアセンターの職員、キャリアコンサルタントなどに相談してみるとよいでしょう。

　自分のことは、自分ではなかなか分からないものです。自分ではありふれたエピソードだと思っていることが、第三者にはとても珍しく、面白く感じるといったことは、よくあります。本当に何もしてこなかったという人は、実際にはほとんどいません。もし、本当に何もしてこなかったのだとしたら、それはそれで希少ですので、理由を深く分析すれば、きっと面白い話が見つかるはずです。

OB・OG訪問を活用しよう

業界分析や企業分析には、OB・OG訪問も効果的です。実際に働いている社会人から直接、仕事の実情を聞くことができるので、積極的に活用しましょう。

入社後の自分の姿をイメージできる

　OB・OG訪問は、企業で実際に働いている人から直接話を聞くことで、**入社後の自分の姿を具体的にイメージし、業種や企業との相性を確かめることができる貴重な機会**です。その企業で活躍している人材や社内の雰囲気を知ることができるため、どこを第一志望として就活をするのか考えるために役立ちます。

　また、詳細な仕事内容を聞くことで入社後に自分がやってみたい仕事を想像し、志望動機を固めることができます。さらに、説明会などで聞きにくい給与や休暇などについても質問することができるため、**ホームページや全体での説明会で得た情報よりも深く企業の内情を知った上で面接に臨むことができます。**

　志望する業界や企業で実際に働く人とコミュニケーションが取れる機会を作っておくことは、それ自体が面接練習にもなります。また、企業についての情報収集ができるだけでなく、自分自身の志望度や志望理由も見つめ直すきっかけになります。

　OB・OG訪問は必須ではありませんが、行っておくことで就活を有利に進められる場合も多く、企業によってはOB・OG訪問の特別選考枠を設けているところもあります。志望度が高い企業には早めからアポを取り、積極的にOB・OG訪問を行っておくとよいでしょう。

▶ OB・OGの探し方

OB・OG訪問は、「アポイントを取る→訪問日時を決める→実際に訪問する」という流れで進みます。3、4月は会社の年度末や人事異動などで忙しく、アポイントが取れない場合もあるので、早めの時期に行いましょう。アポイントを取る方法はいくつかあります。
①キャリアセンターや教授、先輩に相談する
②Web上のサービスを利用する
③企業に直接問い合わせる

▶ OB・OG訪問で聞いておきたい質問

OB・OG訪問で主に得られる3つの項目に基づいて、あらかじめ質問を考えておきましょう。
①就活の進め方の参考になる情報

どのような探し方をしてその会社を見つけ、どのような観点で他社と比べて入社を決めたのか、入社の動機やきっかけを質問することで、企業の探し方や絞り方の参考になります。また、自分の就活に対して具体的なアドバイスを求めてもよいでしょう。
②詳しい仕事内容・会社の実態

仕事の流れがイメージできるよう、1日や1週間の流れを聞いておくとよいでしょう。やりがいを感じるというプラスの面と、つらさや大変さを感じるマイナスの面、どちらも聞いておくこともオススメします。また、入社してよかったこと、会社の強みや特徴、弱みを質問すると、面接の際に役立ちます。
③プライベートの過ごし方

直近の休日の過ごし方などを質問することで、自分が社会人になったときの生活をイメージすることができます。ただし、質問によっては失礼な印象を与えてしまうかもしれないので、相手を不快にさせない範囲の質問内容にとどめましょう。

企業理念やミッションは就活生にとって宝の山

その企業を知るための第一歩となるのが企業理念です。きちんと企業理念を研究し、志望動機作りに活かしましょう。

企業分析のコツは「共感」

　ほとんどの企業は、ホームページや会社案内パンフレットに企業理念を掲載しています。企業理念とは、その企業がどんな目的や観点から事業を行っているのか、何によって社会に貢献していきたいと考えているのかを示すものです。創業者の想いを企業理念として受け継いでいる企業もあれば、時代の変化に合わせて変えている企業もあります。

　このように企業理念は、その企業がどのような会社であるかを端的に表しているものですので、就活生にとっては企業選びの取っかかりとなります。また、志望動機を考える際にも、企業理念のなかにヒントとなる要素はたくさんあります。そういう意味で、企業理念は就活生にとって宝の山といえるでしょう。

　企業理念に共感できない会社へ入ってしまうと、入社したあとの価値観や考えのズレが苦痛になり、働き続けるのが難しくなってしまいます。いっぽう、企業の側も、そういう人とは同じ目標を持って働くことができないので困ってしまいます。

　そういったミスマッチを避けるため、企業は面接のなかで、受験者が本当に自社の企業理念を理解し、共感しているのかを確認しています。ですから、事前にその企業の企業理念をしっかりと把握し、志望動機のなかに共感を織り交ぜておきましょう。

▶ 体験に結びつけることが重要

　志望動機のなかに企業理念への共感を盛り込むことは大切ですが、単に**「御社の企業理念に共感しました」だけでは説得力に欠けます。**また、企業理念はホームページやパンフレットなどに公表されているものですから、就活生なら誰でも見ることができ、「共感しました」だけでは他の就活生との差別化も図れません。

　ですから、企業理念への共感をアピールするときには、自分の体験と結びつけるようにしてください。その体験は、部活動やアルバイト、留学など自分にとって印象深い経験なら何でも構いません。自分個人の体験に基づいた共感をアピールできれば、おのずと他の就活生との差別化も図れます。

面接官の心を掴む志望動機例

例1

　私は中学・高校時代に野球部に所属しており、活動の中でチームメイトやコーチ、試合の送迎などで自分を支えてくれていた両親に常に感謝の心を持つことや、感情に左右されずにスポーツマンシップに則った公平なプレーをすることの大切さを学びました。（学生時代の経験）

　そのため、御社の企業理念である「感謝」や「公正」に深く共感し、御社で働きたいと強く感じました。（企業理念）

例2

　私は、学生時代カナダに1年間留学しました。最初は、周りになかなか話しかけることもできませんでしたが、このままではいけないと思い、積極的に話しかけた結果、信頼関係が生まれ、友人も増えました。この経験から、何事もまずは挑戦してみることが大切だと強く思うようになりました。（学生時代の経験）

　御社の企業理念である「挑戦を積み重ねる」は、私が大切にしているチャレンジ精神と同じだと思い、共感しました。（価値観と企業理念の一致）

ビジョン、ミッション、バリュー

近年は、企業理念をビジョン、ミッション、バリューに分けて示す企業も増えています。

ビジョンは、その企業が実現を目指している、将来ありたい姿のことです。企業によっては、中長期的な目標として定期的に見直されることもあります。

ミッションとは任務という意味で、この場合、企業が果たすべき使命や存在意義を示したものです。

バリューは価値観のことで、その企業が組織として重んじる価値観を示し、企業の行動の基準となります。

その企業のビジョン、ミッション、バリューの違いをきちんと理解し、どこに重点を置いて共感をアピールするかを考えましょう。

Check ☑

志望企業のホームページは隅々まで見ておく！

例3

私は学生時代、塾講師のアルバイトをしており、自分が担当した生徒が成績を伸ばしたり、志望校に合格したりしたときの嬉しそうな表情が原動力でした。その経験から、直接お客様と対話をして、仕事に対する反応を見ることができる環境で働きたいと考えるようになりました。（学生時代の経験）

OB訪問の際、御社の〇〇さまが「お客様の笑顔を見られることがいちばんのやりがいだ」とお話しされていたのが印象的で、私も御社でお客様を笑顔にできるようなグランドスタッフになりたいと強く感じ、御社を志望しました。（OB訪問での気付き）

例4

　ミッションとして御社が掲げている「自分を愛せる社会をつくる」という言葉にとても心を動かされました。（ミッション）

　就職活動を始めるまで、私は自分に自信がなく、PRできるポイントを見つけられずにいました。しかし、御社のような就職エージェントが運営する自己分析サイトを利用して様々な視点から自分自身を見つめ直したことで、自分の長所に気づくことができ、少し自信を持てるようになりました。（自分の経験）

　就職活動の第一歩は自分を知って受け入れることだと言われていますが、その中で自信をなくしたり、自分を見失ったりしてしまう人もいるかもしれません。すべての人が自分の魅力を再発見できるような就職活動をサポートし、よりよい職場を見つけることで自分のことを愛せる社会を構築していく一助になりたいと強く感じ、御社を志望させていただきました。（企業・社会への貢献）

例5

　御社の「努力を楽しむ」というバリューが、私が学生時代に部活動を通して得た学びと一致しているため、自分の学びを生かして御社に貢献していきたいと考えます。（バリュー）

　高校時代に所属していたハンドボール部では、全国大会出場を目標に朝から夜までのハードな練習や筋トレを毎日続けてきました。辛いと感じることも多かったですが、それでも最後まで続け、目標を達成することができたのは、ハンドボールを心から楽しんでいたからだと感じています。部活動での経験から努力を続けるための唯一の方法は楽しむことであると学び、夢中になって楽しみながら仕事ができる環境で働きたいと考えるようになりました。（学生時代の経験）

　御社でスポーツ用品の営業職として働くことは、自分の好きなものを相手に伝える仕事であり、目標に向かって楽しみながら努力できる環境だと確信しています。（入社後のキャリアプラン）

業界・企業分析の方法を知る

企業理念以外にも、業界分析、企業分析をする方法はあります。ここでは、複数の分析方法を活用することで、志望動機に厚みを持たせましょう。

多くの視点から業界・企業を捉える

業界や企業の分析を行い、選考までに理解を深めておくことは就活における必須事項です。理解が不十分なまま選考に臨んでしまうと、志望動機や入社後のビジョンが固まっておらずESの記入や面接で苦戦したり、内定をもらっても企業との相性が合わず短期離職につながったりする場合があります。

業界・企業分析にはさまざまなアプローチがあるので、**なるべく多くの視点から企業を捉えることを意識して分析を行う**とよいでしょう。

例えば、大学のキャリアセンターでは、業界・企業分析のワークショップや、学内の合同企業説明会など就活生向けのイベントを開催しています。卒業生から直接業界や企業に関する生の声を聞いたり、企業分析の方法のレクチャーを受けたりすることができるため、積極的に活用しましょう。

また、大手就活サイトなどが無料配布している、項目を埋めることで企業分析ができる「企業研究シート」を活用したり、業界ごとに主要な企業の業績や今後の展望予想などをまとめた「業界地図」を購入したりして、分析に役立てるのもよいでしょう。

企業や業界の分析は時間がかかってしまうため、就活が本格的に始まる前からあらかじめ少しずつ進めておくこと、期間を決めて行うことが重要です。

▶ フレームワークを活用する

企業分析には「**財務分析**」「**SWOT分析**」「**3C分析**」などのフレームワークがあり、**フレームワークに沿って分析を行うと効率的に必要な情報を得ることができます。**

「財務分析」では企業の収益や経営の安定性を分析することができ、客観的かつ正確な財務情報で、企業の経営状況を把握できます。「財務諸表」を読み解くことで、財務分析ができます。財務諸表は上場企業であれば金融庁のサイトから閲覧することができます。そのほか、多くの企業はホームページなどで「有価証券報告書」を公開しているので、目を通すとよいでしょう。

「SWOT分析」は、企業の強みと弱みを内部環境と外部環境のそれぞれから分析する方法で、競合他社との比較や事業の将来性について掴むことができます。

「3C分析」は、自社・顧客・競合の3要素から企業を分析する方法です。企業だけでなくマーケットやターゲット層にも焦点を当てることで、自分がその企業でビジネスに関わっていくイメージをすることができます。

各分析の詳しい方法を知りたい場合は、大手就活サイトやビジネスパーソン向けのWeb記事などを参考にしてください。

▶ 業界・企業分析の注意点

業界・企業分析をする際に最も注意しなければならないのが、多様な情報源を持つことです。**企業のホームページや説明会で得た情報だけでは偏りや不足が出てしまいます。**また、企業が就活生向けに発信している情報はよい部分だけを切り取っていることが多く、弱みや課題について知るにはOB訪問や業界地図など客観的な視点からの分析が必要です。就活の口コミサイトなどを活用する際などは特に、すべての情報を安易に信用しすぎず、冷静な業界・企業分析を心がけましょう。

ESに書いた志望動機を分析しよう

ESに志望動機を書いたら、面接前にもう一度見直しましょう。
的確な志望動機は、就職活動の最大の武器です。

その企業に合っているかを見直そう

ESに志望動機を書いたら、それを一度しっかり見直してください。**見直す際のポイントは、本当にその志望動機が、提出する企業に合ったものか**どうかということです。

具体的には、企業研究と自己分析が、きちんとその企業向けになっているかをチェックします。何十社も受ける場合、企業ごとに志望動機を考えるのはかなり大変ですから、ESを使い回す人もいます。ですが、それでは必ず、どこかにズレが出てしまいます。

例えば、化粧品メーカーのA社とB社の両方を受けるとして、同じ業界だから志望動機も同じで構わないとは考えないでください。企業研究をしていれば、A社とB社の経営方針に違いがあることが分かるはずです。それぞれの会社であなたの持っている能力をどう活かすかも違ってきます。A社には忍耐力、B社には積極性というようにアピールすべきことが変わってくるのです。

それぞれの会社は「**A社だから（B社だから）こそ働きたい**」という志望動機を求めています。それを考えれば、使い回しはできないはずです。もし、ESに書いた志望動機がその企業に合っていなければ、面接当日までにさらに企業研究を行い、どの部分を強調し、何をつけ足すべきか見極めましょう。

ESは全部読まれるのでしっかり書く

「企業の人事担当者は、大量に届くESの1行目しか読まないから、とにかく1行目に力を入れろ」と言われることがあります。しかし、ちゃんとした企業はESを最初から最後まで読んで選考しますので、一言一句気を抜かずに書くようにしてください。

本気で入社したいと考えているなら、企業に伝えたいことはたくさんあるはずですから、記入欄に空白ができることはあり得ません。ビッシリと文字で埋めましょう。

そうやって力を入れて作ったESこそが、就職活動の第一関門を突破するためのカギとなりますし、面接においても必ず力になってくれます。

志望動機は変えすぎない

ESに書いた志望動機に、そのあと企業説明会や面接などで感じたことを志望動機としてつけ足していくと、面接官の評価が高くなります。しかし、ESに書いた志望動機と面接でアピールする志望動機が完全に変わってしまうのは、絶対に避けてください。

あくまで、**評価が上がるのはプラスアルファでつけ足した場合**で、やはり基本となるのはESに書いた志望動機です。ESに書いた志望動機とまったく異なることを面接で言い出せば、ちゃんと考えていなかったと受け取られてしまいます。また、プラスアルファの部分は、ESに書いたものと矛盾しないようにも気をつけましょう。

Point &

同じ業界でも、志望動機は使い回さない！

志望動機の効果的な話し方

説得力のある志望動機を作り、それを相手に伝わるように話すことができれば、必ずよい結果が待っています。

志望動機を強化していく方法

　ESは記入枠や文字数に制限があるため、どうしても足りない部分が出てきます。面接までに、その足りない部分を強化しましょう。

　ESに書いた志望動機を見直して、「なぜこの企業なのか」の説得力が弱いと感じたら、**同業他社と比較して、その企業ならではのポイントを見つけ出してください**。企業理念や経営者の言葉、経済誌の記事などから、その企業の特徴や魅力を探して、面接までに志望動機をバージョンアップしてください。

　「なぜこの仕事なのか」の部分が弱いと感じたら、**その企業の事業内容や仕事内容のどこに魅力を感じているのか、そしてそれはなぜなのかを改めて分析し、ノートに書き出してみましょう**。企業説明会やOB・OG訪問などで実際に働いている人の話を聞き、入社したら自分がやってみたい仕事を具体的に想像するのも効果的です。実際に働いている人の話を聞く機会がなかった場合は、企業の採用ページにある、先輩社員の声などのなかにもヒントはたくさんあります。

　「自分の強みとの結びつき」が弱いと感じたら、**もう一度、求人情報に記載されている、その企業が求めている人材やポテンシャル、能力を見直してください**。そのなかで、自分の強みや勉強してきたこと、培ったスキルなどと結びつけられるものを探してください。

▶ 面接で話すべき3つのポイント

面接で志望動機を話す際、必ず伝えるべきポイントは次の3つです。これらのポイントは、面接官から深掘りして聞かれることもあります。

①企業選びの軸

根拠や過去の経験に基づいて、業界の志望理由を伝えましょう。

②業界・企業間の比較

業界のなかでも、なぜその企業を志望したのかを具体的にアピールしてください。

③入社後のキャリアプラン

志望動機と入社後のプランが一致していることを伝えましょう。

▶ 面接でどのくらい話せばよい?

面接で志望動機を聞かれたとき、あまり長く話しすぎるのは問題ですが、短すぎると面接官に本気度を疑われてしまいます。

ひとつの目安としては、**1分〜1分半程度話すのがちょうどよいで**しょう。志望動機がひとつだけでは時間が余ってしまうかもしれませんので、メインでESに書いたものを具体的に説明し、それに加えて、説明会や面接が進むなかで新たに感じたプラスアルファの志望動機について説明するのが、よいバランスです。

コラム

差がつく志望動機とは?

面接官は、仕事内容を的確に掴んでいるかどうかも見ています。綺麗事ばかりを話すのではなく、その仕事の「厳しさ」も把握できているかどうかがポイントです。一部分だけの情報で分かったつもりになるのではなく、仕事のツライ面、ネガティブな面も知った上で強く希望していることが伝われば、面接官の心に響きます。

▶ 自分のストーリーを会社のストーリーに重ねる

　自分がなぜこの会社に入りたいと思ったかという話からするのか、それとも会社に入ったらこういうことをやりたいという話からするのかは、結論からいえばどちらでも構いません。

　ただ、自分のストーリーから話し出したほうが、話は展開しやすいでしょう。例えば、「自分はこういう体験をしたため、〇〇を勉強するようになった。そして、その学んだことを活かせるのは、〇〇という企業理念を持った御社しかないので、ぜひ働きたいと思っている」という流れは自然ですし、説得力を持ちます。面接官の印象にも残りやすいでしょう。**個人のストーリーを入り口にしながら、それが最終的に会社のストーリーと重なっていく**のが理想です。

▶ 自分の思いばかりを語らない

　個人的体験のエピソードから志望動機を語り始めるのはよいのですが、あまりに思いが強すぎると、話が長くなってしまいがちなので気をつけましょう。自分のストーリーだけで時間切れになってしまっては本末転倒です。

　最終的には企業側の視点に立ち、自分がどのような仕事をしたいのか、自分のどのスキルがその企業の業務で活かせると考えているのかを具体的に伝えなくてはいけないことを忘れないでください。「自分の思い」と「企業の視点」のバランスが取れていることが、志望動機を話す場面では重要です。決して、「熱い思い」だけで突っ走らないようにしましょう。

面接官の心を掴む志望動機例

例1

　お客様一人ひとりのニーズに応え、お客様に合った化粧品を提案する営業の仕事に魅力を感じ、御社を志望いたしました。

　私は、テーマパークの案内係を通じ、お客様のご要望にお応えすることで、お客様が笑顔を取り戻されることにやりがいを感じました。（企業選びの軸）

　私自身、メイクが好きということもありますが、御社では月に1回、開発と営業を交えた意見交換会があると、先日の企業説明会で伺い、化粧品に対する思いを、よりお客様に伝えることができるのでは、と考えました。（業界・企業間の比較）

　御社においても、お客様のニーズを丁寧にお聞きし、よりよいご提案ができる営業として、お客様の笑顔を生み出す仕事をしたいです。（入社後のキャリアプラン）

例2

　私は、多くの人に喜んでもらえるアプリを開発したいと考えております。御社は、介護現場で使えるアプリを多く開発しており、さらにモノづくりが好きなスタッフが集まり、自由に発想を展開する環境が整っていることに魅力を感じ、御社で働きたいと思いました。

　私は、幼少のころからモノづくりが好きで、高校・大学時代は、ロボットづくりに熱中していました。大学時代に、動きの補助をするロボットを開発し、全国大会で入賞することができました。特に、介護の現場で役立つ機能、というお言葉を審査員の方からいただき、自分が作ったものが、特に人材不足などで困っている現場で役に立てるかもしれないと思い、とても喜びを感じました。今は、ロボットを制御するソフト面に興味を持ち、独学でプログラミングを学んでいます。（メイン）

　OB訪問で、開発担当の〇〇様に業務内容や自分のアイデアが形になったときのやりがいを伺い、ぜひ御社で働きたいと思いました。（サブ）

　御社でアプリ開発に従事して、少しでも多くの人の健康を増進し、介護者の負担を減らしたいと考えております。

自己PRで求められること

就職活動で、志望動機と並んで企業が重視するのが自己PRです。説得力のある自己PRを作るためのポイントをおさえましょう。

自己PRでは企業側の視点に立つ

　自己PRは、自分がその企業に入ったら、どのような場面で役に立つかを想像してもらうためのものです。そのため、具体的に自分が経験したエピソード（行動）を例に挙げ、「これだけのことをやってきたのだから、御社のこの部署で、こんな働き方をして成果を挙げることができる」と、企業が期待を持てるような内容にする必要があります。

　ここで大事なのは、自己PRは「自分の気持ち」を話すものではないということです。**企業にとっていかに自分が役立つのかを客観的に見て、伝えなくてはいけません**。つまり、常に企業側の視点に立ち、企業が何を聞きたいかを考える必要があるのです。

　自己PRに使うエピソードは、部活動やアルバイトの体験、学業など、業務に役立つものでしたら何でも大丈夫です。ただし、「一度も休まなかった」とか「真面目でコツコツ頑張れる」といったことは、仕事をしていく上で当然のことですので、PRにはなりません。できるだけ、志望企業の業務と関係したことをアピールしましょう。

　ちなみに、**最近は「傾聴力がある（人の話を聞くことができる）」という自己PRが効果的といわれています**。ただ、傾聴力をPRするなら、「自分が話を聞いたことで相手がこう変化した」というエピソードまで掘り下げるのが理想です。

▶ 「基礎力」は必ずアピール

　企業が就活生に求める資質のうち、どんな企業でも共通しているのは以下の3つです。

①主体的に行動する力

②周囲と協働し、目標に向かう力

③物事を深く考え、問題の原因を突き止めて解決する力

　この3つは「社会人基礎力」とも呼ばれていて、どれも仕事をしていく上で欠かせない能力です。「社会人基礎力」をしっかりとおさえつつ、志望企業の採用ページなどにある「求めている人材」について個別の研究をし、その企業が求めている人物像に合わせた自己PRにしてください。

▶ 基本はESと同じでOK

　面接で自己PRを求められた際には、ESに書いたものと同じ内容を話して問題ありません。むしろ、ESに書いたものとまったく違うことを話し出すと、面接官はその就活生の一貫性に疑問を抱いてしまいます。

　ただ面接では、より深く掘り下げて聞かれることもありますので、さまざまな角度からアピールできるよう、**より詳細な具体例や、別の強みなども準備しておきましょう**。また、「自己PRしてください」といった直接的な聞かれ方だけではなく、「人生で一番の挫折は？」といった質問も、その体験であなたが身につけた強みや長所を知るためのものですので、自己PRのチャンスと考えてください。

Point

自己PR ＝ 社会人基礎力 ＋ その企業が求める力

社会人基礎力をアピールできる自己PR例

例1

　私の長所は、周囲に気を配り、協力しながら目標に向かって努力ができるところです。（協働力）

　高校3年のときに、推薦を受けて文化祭実行委員長を担うことになり、それまで人前に立つことが得意でなかった私が100人を超える生徒を統率する立場になりました。初めは飛び交う多くの意見をうまくまとめることができずに苦戦しましたが、無理に意見をまとめようとせず生徒と1対1で向き合い、それぞれの話にしっかりと耳を傾けることで結果として全員が納得する提案をできるようになりました。（傾聴力）

　また、実行委員長になるまでは人に頼ることが得意ではありませんでしたが、一人で全部を背負おうとせず委員の仲間に相談したり、計画的に仕事を分担したりと、協働することの重要性も学びました。当時の経験で学んだことを日常生活で実践するようになってから、進路や人間関係の悩みに関して友人から相談をされるようになり、チームを統率する役割を任されることも増えました。学生時代に培った傾聴力や協働力は社会人になってからも積極的に生かしていきたいと考えます。

例2

　私は、相手に喜んでもらうためにどうすればいいのかを考え、積極的に行動する主体性を持っています。大学で所属していた音楽サークルでは、毎年4年生の卒業パーティーを行っていましたが、昨年はコロナウイルスの影響で、大人数で集まることが難しく、卒業パーティーを行うことができませんでした。そこで私は4年生に向けたビデオレターの作成を幹事に提案し、友人に協力してもらいながらサークルの学生に声をかけて全員分のビデオメッセージを集めました。卒業式でビデオレターをプレゼントした際、4年生のみなさんからお礼のメッセージをたくさんいただき、喜んでもらうことができました。（主体性）

　このように、相手のために主体的に行動できるという私の長所は、御社の求めている「行動力のある人材」にも通じると思うので、長所を活かして主体的に考え、行動して御社に貢献していきたいと考えています。（企業の求める力）

⬛▶ 自己PRを作るための3ステップ

　自分には特に人に誇れるような長所がないと思い、どう自己PRを作ってよいか悩んでいる人も多いと思います。そんな人は、次の3ステップを意識して、自己PRを作ってみてください。

❶ 中学以降の体験で、自分が人の役に立てたエピソードを探す

↓

❷ その体験が志望企業で役立ちそうな場面をイメージする

↓

❸ ❶と❷をまとめて文章化する

　❶は自分年表を作るなど深く自己分析してみること、❷は徹底的に企業研究をし、その会社の仕事内容を具体的に把握することで、必ず自己PRの材料が見つかるはずです。もし自分ひとりでは難しければ、キャリアセンターなどで相談してみましょう。

3ステップを意識した自己PR例

例3

　大学1年次に、コロナウイルスの蔓延によって離れた場所にいる家族と会うことが難しくなってしまった一人暮らしの高齢者の方の家を訪れ、自治体からの支援品を配るボランティア活動をしていました。最初は見ず知らずの学生を家に入れることに抵抗がある方も多く、玄関先で追い返されてしまうこともありましたが、何度も通い、少しずつ会話をしていくことで次第に心を開いてもらえるようになりました。その結果、家の掃除をお手伝いしたり、お昼ご飯をいただいたりと良好な関係を築くことができ、高齢者の方だけでなく離れて暮らす家族の方からもお礼の言葉をいただきました。（人の役に立ったエピソード）

　御社の営業職では、私が行っていたボランティア活動と同じようにお客様のご自宅へ訪問し、よりよいサービスの提供を提案させていただく場面が多いと思います。ボランティアでの経験を活かしてお客様と良好な関係を築き、一人ひとりに合ったお手伝いを提案することで着実に信頼関係を構築していきたいと考えます。（志望企業に役立ちそうな場面）

▶ こんな自己PRはあぶない

　次のような自己PRは、採用試験でマイナス評価になってしまう危険性があるので気をつけてください。

- 単なる事実の羅列で終わっている。
- 文末が「です」、「ます」、「できる」などではなく、「思う」、「思います」になっている。
- 「色々」や「さまざま」が使われていて、内容が明確になっていない。
- 「忍耐力がある」、「我慢強い」など、働きすぎのもととなる言葉が使われている。
- 取得した資格がどのように業務に活かせるか不明瞭。

▶ 面接官の前で気をつける3ポイント

　面接官の前で自己PRする際は、次の3つのポイントに気をつけてください。

①言語と非言語を一致させる

　言葉で「自信があります」と言いながら、表情や声のトーンが自信なさげでは、説得力がありません。

②強気で発言する

　自分の能力が志望企業の業務に役立つということに、自分が確信を持っていなければ、面接官にもそれが伝わってしまいます。

③自然体で挑む

　何かを隠そうとか、ごまかそうという気持ちがあると、態度が不自然になります。「何でも見てください、聞いてください」というオープンな姿勢で面接に臨みましょう。

限られた時間で的確に伝える方法

　面接で、特に時間指定がなく自己PRを求められた場合は、30秒〜1分前後の長さで話すことが期待されています。そのような限られた時間で的確に自己PRするためには、**ポイントを絞ってアピール**しましょう。

　あれもこれもと話を盛り込みすぎると、何をアピールしたいのか面接官には伝わりませんし、抽象的な言葉をいくら重ねても説得力を持ちません。また、限られた時間では、表情や態度も自己PRのための重要な武器となります。

惜しい…
　私の長所は行動力があることと、誰とでもコミュニケーションを取れることです。高校時代に英語に興味を持った私は、すぐに1年間のアメリカ留学を決めました。英語が話せないまま留学を決めたことは大きな挑戦でしたが、目標に向けて積極的な行動を起こしたことで、成長することができました。また、現地では自分から様々な人に話しかけてコミュニケーションをとったことで、たくさんの友人をつくることができました。

↓ ポイントを絞る

good
　私の長所は行動力があることです。高校時代の先生の影響で英語に興味を持ち、世界で通用する英語力を身につけたいと考えるようになった私は、ほとんど英語が話せないまま1年間アメリカへの留学を決めました。この決断は私にとってかなり大きな挑戦でしたが、自分の目標のために勇気を持って行動したことによって、一生の友人や財産となるような経験を得ることができ、帰国後に英検1級を取得するなど語学力にも大きな成長を感じることができました。

個性をどこまで強調するか

就職活動では「個性」のアピールは欠かせませんが、「個性」は扱い方を間違えると危険な諸刃の剣です。

協調性の枠を踏まえた「個性」を主張

　大勢いる就活生のなかから自分を選んでもらうために、他の人とは違う自分らしい「個性」を強調してアピールしなければと思ってしまうのは自然なことです。しかし、どこまで個性を強調するのがよいのかというバランスは、悩んでしまうところでしょう。

　結論からいえば、**協調性や社会性の枠をはみ出さない範囲で個性をアピールしてください**。159ページでも解説しましたが、企業が求める「社会人基礎力」のひとつは協調性です。

　自己主張が激しくて、相手を決めつけてしまう人。相手のことよりも自分のこだわりを優先してしまう人。自分さえよければ周りは関係ないと考えてしまう人。こういった人は、どんなにスキルやポテンシャルが高くても企業は採用したいと考えません。ですから、その**「個性」がみんなに受け入れられるものなのか、会社の組織のなかでうまく活かせるものなのか**を、よく考えてからアピールするようにしてください。

　また、無理に個性を強調しようとしなくても、そもそも人はそれぞれ違った個性を持っていて、違った体験をし、違ったことを考えています。志望企業とのマッチングに気をつけながら、あなたなりの体験を、あなた自身の言葉で話せば、それがそのまま個性となります。

▶️ 周りと合わせることも必要

経験や資格、スキル、ポテンシャルといった部分で、「個性」をアピールすることは大切です。しかし、身だしなみや振る舞いなどは、面接の場において、周りと合わせたほうがよいこともあります。

服装や振る舞いが他の就活生とあまりにも違いすぎると、面接官に余計な先入観を持たせてしまい、短時間で人となりを判断される面接では不利となってしまう可能性があります。就業意欲などを公平に判断してもらうためにも、他の就活生と合わせておいたほうがよい部分は合わせておきましょう。

また、相手に伝わりやすい話の流れや、声のトーンはある程度決まっています。話すときに笑顔が大事といったことは、どの企業を受ける場合にも変わりません。自分がどうしたいのかだけではなく、相手がどう思うかを考えて面接に臨んでください。

> ここも確認！
>
> ▶「あなたらしさ」とはどんなことですか？
>
> ▶ それをどのように仕事へ活かしますか？

▶️ 「こういう人いる」と思わせる

今まで会ったことのないような個性的な人を、企業が採りたがるかというと、これは意外と難しい問題です。

じつは面接官の多く、特に管理職以上の面接官は就活生を見て「この人、○○課のＡさんみたいだな」とか「部長のＢさんに似ているな」といったように、**すでに自分の会社にいる人を思い浮かべられる人のほうを安心して採りたがる傾向があります。**それが想像できる人のほうが、実際に会社に入ったあとの働き方や適材適所が具体的にイメージしやすいからです。

あまりに個性的で、今まで会社にいなかったタイプですと、どう扱ってよいか分からないからと落とされてしまうこともあるのです。

自分を表現できる
エピソード選び

自分らしいエピソードを選ぶのに苦労している人も多いかもしれません。ですが、段階を踏めばきっと見つかります。

力を入れてきた活動に順位をつける

　志望動機をアピールしたり、自己PRしたりする際、自分の体験に基づいたエピソードは欠かせません。このとき、どの企業や業界でも同じエピソードを語るというわけにはいかないでしょう。例えば、いつでも「高校3年時に水泳部の夏合宿で遠泳10キロメートル泳いだ」エピソード一本で乗り切ろうとするのは無理があります。

　そのため、いくつか違うバージョンのエピソードは必要になってきます。**複数のエピソードを選び出すためには、まず中学以降の自分の人生を掘り下げて、力を入れてやったことのある活動をノートなどに書き出してみます。**力を入れたというのは、週に何回以上やっていたとか、何年も継続していたということです。

　その活動は、学業、資格取得の勉強、部活動やサークル、アルバイト、ボランティア活動、インターンシップへの参加など、何でも構いません。趣味なども入れると、かなりの数が並ぶはずです。

　次に、書き出した活動を、自分が力を入れた順に並び替えてみましょう。そして、上から数えて最低でも3つ、できれば5つぐらいの項目をピックアップします。これが自分のエピソードのベースとなります。もし力を入れて活動した項目が足りない場合は、就職活動が始まってからの企業説明会や店舗見学などをベースにしたエピソードを作ることもできますので、諦めないようにしましょう。

活動ごとに3つのエピソードを書き出す

　過去を振り返って、自分が力を入れた項目を3〜5個ピックアップしたら、次にそれぞれの項目ごとに、具体的に努力したことや工夫したことに関する3つのエピソードを書き出してみましょう。例えば喫茶店でアルバイトをしていたなら、①最初はレジ打ちでミスばかりしていたが、2か月で上手になった。②キャンペーンを他のスタッフと一緒に考えて、工夫した。③新人アルバイトの教育係となって一人前に育てた、などで3つです。

　ある程度力を入れていた活動なら、3つぐらいのエピソードはあるものです。ひとつの活動につき3つエピソードがあれば、面接で掘り下げて聞かれたときにも詳しく説明することができます。

過去・現在・未来に一貫した流れを作る

　こうして自分なりのエピソードが揃ったら、最後に、そのエピソードを過去・現在・未来という一貫した流れになるように整えます。

　過去とは「こういう体験をした」ということ。現在とは「その体験から、こういうことを勉強するようになった」などのこと。そして、未来とは「だから、こういう仕事をしたい」、「御社で働きたいと思った」といったことです。つまり、**未来の部分で自分と志望企業が重なってくる**のが理想的です。

過去	イギリスの友人ができたが、英語が話せず、コミュニケーションに苦労した
現在	TOEICで800点以上取れるように、勉強をしている
未来	世界中の人を繋げるツアーコンダクターとして働きたい

論理的な話し方をする

論理的に話すのが苦手だと思っている人は多いかもしれません。
しかし、いくつかの原則を知っていれば簡単に話せます。

論理的に話すための基本「CRFの原則」

　限られた時間のなかで伝えるべきことをすべて伝えるためには、論理的に話す必要があります。面接官に「それはどういう意味ですか？」などと聞かれていては時間がどんどんなくなってしまいますし、そもそもそう思われた時点で内定は危うくなります。

　論理的に話すための基本として、「結論（Conclusion）」、「理由（Reason）」、「事実/裏づけ（Fact）」の3つのポイントをおさえて話すようにしてください。 これは、それぞれの英語の頭文字を取って**「CRFの原則」** とも呼ばれています。この3つをセットにして話すことができれば、どんな人でも説得力を持って相手に伝えることができるでしょう。逆に面接官が「何が言いたいか分からない」と感じてしまうときは、CRFのどれかの要素が欠けているはずです。もう一度、自分の言いたいことを見直して、CRFが揃っているかどうかをチェックしてみてください。

　ちなみに、一般的には「結論」を最初に持ってきたほうがよいとされていますが、これはケースバイケースです。また、「理由」は3つまでに抑えてください。4つ以上あると分散して、反対に説得力が弱くなってしまいます。

論理的な話し方①
PREP法

　PREP法とは、「結論（Point）」→「理由（Reason）」→「事例/具体例（Example）」→「結論を繰り返す（Point）」という順番で話す方法のことです。話し方の順序としては、自分がもっとも言いたい結論を最初に伝えてから、次にその理由を説明し、「例えば……」という形で具体例を示して理由の部分を補強し、最後にもう一度結論を再提示するというものです。

　このPREP法は、集団面接や、短時間でたくさんの質問がされるタイプの面接、グループディスカッションのまとめ発表のときなど、簡潔で説得力のある話し方をしたい場合にとても効果的です。

　以下に、PREP法の具体的な展開例を紹介します。

結論：私は猫が好きです。
理由：一緒に遊ぶと、心が癒されるからです。
具体例：うちには4才になる雑種のオス猫がいるのですが、好きなおもちゃを使って引っ張り合いをしたり、ボールを転がしたりしていると、私まで遊びに夢中になってストレスの解消になります。
結論：だから私は猫が好きです。

　PREP法を使えば、どんなに話が苦手な人でも簡単に話をまとめられるようになり、論理的に話すことができるようになります。難しく考えすぎずに、話をする際、**「結論」→「理由」→「具体例」→「再結論」**という流れだけを覚えておき、その順番で話をするように心がけるだけで、面接官に与える印象が大きく変わります。

論理的な話し方②
STAR法

　もうひとつの論理的に話すための方法は、STAR法です。STARとは、「状況（Situation）」、「課題（Task）」、「行動（Action）」、「結果（Result）」の頭文字を取った言葉で、自分の発言に客観的な根拠を持たせたい場合に用いると効果的です。

　話し方の手順としては、まずそのときの状況や背景について簡単に説明し、次に乗り越えなければならなかった課題について説明します。そして、その課題を克服するために行った自分の行動について述べ、最後にその成果や結論を話します。

　ポイントとしては、最後に成果や結果を言う際に、できるだけ数値化することです。また、よく面接やビジネスの現場では「結論から話せ」と言われますが、このSTAR法では結論が最後にくることが特徴です。

　状況→課題→行動→結果の順番を覚えておきましょう。

状況：私は居酒屋でアルバイトをしており、現在は20人いるアルバイトのリーダーをしています。

課題：あるとき、おつまみのから揚げの売上をもっと伸ばしたいと店長から相談がありました。

行動：絵を描くのが上手な人がいたので、その人を含めたアルバイトたちで販促チームを作り、各テーブルに置くポップの作成と掲示を行いました。

結果：その月以降、から揚げの売上が前年比で20パーセント以上継続的に上がるようになりました。

▶ その他の話し方① 箇条書き法

　ここまで紹介したもの以外にも、相手に分かりやすく伝える話し方はいくつかあります。例えば、そのひとつが箇条書き法です。これは、話のポイントが2〜3個ある場合に使える方法です。

　例えば、最初に「私の強みは2つあります。ひとつは体力に自信があること。もうひとつは誰とでも仲良くなれることです」と話のポイントがいくつあるか提示します。それから、「まず、体力についてですが、これは〜」と理由を説明し、「次に、人と仲良くなるコツは〜」と順番に理由を説明します。

　注意点は、話したいポイントを3つ以内に抑えることです。4つ以上になってしまうと、逆に分かりづらくなってしまいます。

▶ その他の話し方② 時系列法

　別の話し方としては、時系列法もあります。これは、過去→現在→未来と時間の流れの順に沿って話すというものです。例えば挫折の経験を話す場合、まずどんな挫折があり、それをどう克服したのかという「過去」から「現在」までの話をします。そして、次にその経験をこれから先、志望企業でどのように活かしたいのかを話します。これが「未来」の部分です。

　この時系列法は、話が長くなりがちなため、時間の限られた集団面接などでは使いづらいですが、最終面接などで面接官がじっくり話を聞いてくれる機会に使うと効果的です。あなたの人となりが深く伝わります。

人とかぶらない、
弱点を感じさせない自己PR

自己PRは、自分のことを企業に伝える最大のチャンスです。
自己PR次第で、あなたの印象は大きく変わります。

ありきたりな言葉では伝わらない

　自己PRは、就活生にとって自分が一番PRしたいことを自由に話すことができる最大のチャンスです。ですが、当人がいくら一生懸命話しても、面接官に思いがまったく伝わらないことがあります。

　人柄がまったく伝わらない、強みを仕事にどう活かすのか分からない、強みの伝え方がシンプルすぎる、このような自己PRはNGです。だからといって、内容を詰め込みすぎて、事実や体験の羅列だけで終わってしまい、理由を説明することができなければ、意味がありません。

　自己PRの内容は、一番アピールしたいことに絞り、その理由や経験などの具体例を深く説明するようにしましょう。また、自分では強みだと思っていることでも、人によって受け取り方は異なります。そのため、自分の強みは必ず具体例とともに伝え、誤解を防ぎます。また、強みを「寡黙なリーダー」などキャッチコピーのように伝えるのも、面接官の興味を引くのに、効果的です。

継続力

継続力をアピールする場合、継続力を発揮した具体的な経験を述べ、それが仕事でどう活かせるかを伝える必要があります。

NG 空手を12年続けて、表彰された。

この回答は、継続した理由や過程の内容がないため、結果の自慢に終わってしまっています。

OK 空手の練習を休まずに12年間続けた結果、国体の型で準優勝だった。入社後も与えられた役割や自らに課した課題に対して、コツコツ努力を重ねることで目標を達成したいと考えている。

このPRは、根拠、根拠に基づく実績、強みをどう仕事に活かすかを備えています。また、きちんと「努力して、結果を出せる人」だということが分かります。

負けず嫌い

「負けず嫌い」という言葉には、頑固なイメージがあるので、「向上心がある」や「責任感がある」などに置き換えましょう。

NG 野球部で努力して、常にレギュラーだった。しかし、チームメイトのエラーによって地区大会の決勝で敗れ、とても悔しい。

この回答から、負けず嫌いで努力家であることは分かりますが、自分本位でチームワークに欠ける印象を与えてしまいます。

OK 野球部で努力して、常にレギュラーだった。しかし、地区大会の決勝で敗れ悔しい思いをした。次の日から走り込みを増やし、弱点である走力向上を目指した。

この回答では、負けず嫌いが持つ「向上心」が刺激され、努力している様子が伝わります。

➡ 好奇心旺盛

　好奇心旺盛をアピールする場合、チャレンジ精神があり、柔軟性が高いといったプラスの印象を与えることもありますが、反対に飽き性と受け取られる危険性もあります。

NG
　当初、近現代文学のゼミにいたが、万葉集も楽しそうだったので古代文学ゼミに移籍した。その後、方言にも興味が湧き、言語学ゼミに移籍した。

　この回答では、新しいチャレンジをしたエピソードに明確な理由がないため、単に「興味の移り変わりが激しい人」と受け取られてしまいます。

OK
　大学時代は、文学部に所属しており、ゼミでは地域ごとの方言の違いについて研究した。図書館の文献だけでは分からない発音があり、実際にフィールドワークでさまざまな方言の発音を比較し、真相を確かめた。

　好奇心旺盛のなかでも、知的好奇心に絞ることで、具体性を持たせたアピールにしています。また、行動力も同時にアピールすることができています。

➡ 縁の下の力持ち

　縁の下の力持ちのアピールは、サポート力が高いことは伝えられますが、自分から前に出たり、集団を率いたりすることは苦手と思われることもあるので、業界や職種を選びます。

NG
　学生時代は、サッカー部のマネージャーとして、選手のサポート役に徹し、周りからお願いされたことは確実にこなした。

　この回答では、ただ「受け身な人」だと思われてしまうかもしれません。

OK
　サッカー部のマネージャーとして、周りからお願いされたことだけでなく、練習メニューの考案や練習試合の運営まで行い、裏方として力を尽くした。

　この回答で、「積極的に仕事を見つけて動く人」という印象を与えられます。

▶ 責任感

　一口に「責任感」といっても人によって受け取り方が違います。「物事を最後までやり遂げる」、「ひとつのことに集中して完遂できる」、「壁にぶつかっても諦めず、解決策を考えられる」など、どのような責任感なのかを明確にしてください。

NG　期待される結果を出すために、責任感を持ち取り組むようにしている。

　この回答は、経験談がなく、精神論だけで終わっています。そのため、どう責任感があるのかが伝わりません。

OK　カフェでアルバイトをしていたとき、窓拭きは後回しにされがちだった。そこで、窓拭き当番を決め、円滑に回るように工夫をした。

　この回答から、責任感に加え、課題解決能力があることも読み取れます。

▶ 協調性

　協調性のアピールは、チームワークで働くことができるという高い評価にも繋がりますが、自分の考えを持たず、流されやすいという印象を与えてしまう危険性もあります。

NG　学生時代、野球部のキャプテンを務めていた。チームの気持ちがまとまるよう、積極的に声出しを行った。その結果、地区大会で優勝できた。

　この回答は、すべて主観で話されています。協調性をアピールするのであれば、客観的な意見も取り入れましょう。

OK　学生時代、野球部のキャプテンを務めていたが、チーム内で十分にコミュニケーションが取れていないなどの課題があった。そこで毎週月曜日、練習前にミーティングを行った。

　この回答で、「周囲のために課題を解決しようとする」という具体的な協調性を印象づけられます。

「何かあれば質問してください」こそ、最大の自己PRチャンス

近年増えている「逆質問」。どういった質問をするかで合否は大きく左右されますので、力を入れましょう。

入社後の自分をイメージして質問

　面接の最後などに「何か質問はありませんか？」と面接官から聞かれることがあります。これは「逆質問」といわれるもので、少し前までは二次面接からが多かったのですが、最近は一次面接からほぼ必ずといってよいほど聞かれるようになりました。

　面接官が逆質問をするのは、ミスマッチを避けるためです。就活生のほうから疑問に思っていることを聞いてもらうことで、入社後に「何か違う」とならないように、できるだけ選考段階で誤解をなくすという意図があります。

　ですから、逆質問では基本的には何を聞いてもかまいません。ただ、志望企業がホームページなどで公表していたり、面接のなかですでに出てきた話を聞き返したりするのは、面接官の評価も低くなります。

　実際に自分が入社してからのことを具体的にイメージし、「自分がその会社で働いていたら、こんなことを気にするかもしれない」という内容をあらかじめまとめておき、質問するようにしましょう。また、**「面接官がやりがいを感じている仕事は何ですか？」**といった質問もオススメです。

　この逆質問で的確な質問をすることができれば、しっかりと企業研究をし、本気で入社後のことも考えていることが面接官に伝わりますので、効果的な自己PRになります。

逆質問を3つは用意しておこう

　逆質問をひとつしか用意していないと、面接官に「他には？」と聞かれたときに詰まってしまいます。最低でも3つは用意しておいてください。

　また、面接のたびに逆質問があり、回数を重ねるごとに聞くことがなくなってしまう可能性もあります。ですが、逆質問は入社意欲を測るためのものですので、毎回欠かさず質問するようにしましょう。

　前の面接と同じ質問でも、「前回の面接でお伺いした○○について、もう少し詳しく教えてください」と、より深く聞く形なら問題ありません。

質問の順番も大切

　基本的には何を聞いてもよい逆質問ですが、待遇や働き方、環境、制度などについて、最初に聞くのはやめましょう。聞きたい気持ちは分かりますが、面接官の印象が悪くなってしまいます。

　最初に聞くのは、「御社が課題と感じられているのはどのようなことでしょうか？」といった志望企業の事業内容についてか、「○○を勉強しようと考えているのですが、このスキルは御社の仕事に役立つでしょうか？」といった自分の努力をアピールするものにしてください。

　もちろん、「その他に質問は？」と聞かれ、2番目、3番目の質問としてなら待遇や制度について聞いても大丈夫です。

コラム

オススメの逆質問例

- 仕事のやりがいはなんですか？
- 働くときに意識してどんなことを行っていますか？
- よく御社は○○（強みや社風）などといわれますが、それを実際に体験されたエピソードはありますか？

177

❶ 金融（銀行）

銀行は早めに第一志望を定めよう

金融業界は、多くの就活生が受ける人気業界です。なかでも銀行は、特に人気の高い就職先です。ただ、ひとくちに銀行といっても、メガバンクもあれば、地銀、信用金庫など、さまざまな種類・規模のものがあります。まずは業界地図の本などで確認し、最初の段階では幅広く受けることをオススメします。

しかし、銀行は他行の受験情報を強く気にする傾向があり、三次面接以降は、あえて他行と同じ日に面接日を設定し、志望の強さを試すこともあります。そのため、できるだけ早いうちに第一志望の銀行をはっきりと定め、その銀行の面接対策にしっかりと力を入れたほうがよいでしょう。

▶ 金融業界（銀行）の研究方法

銀行は、同じエリアに複数展開していることも多いため、各店舗での比較がしやすいのが特徴です。メガバンク、地方銀行、ネット銀行の特徴を研究し、自分に合ったタイプを選びましょう。

比較対象	比較の方法
ライバル銀行	同じエリアにあるライバル銀行の店舗と比較
エリア	都心店と郊外店など異なるエリアで比較
時間帯・季節	同じ店舗に異なる時間帯・季節に行って比較

1 「慎重で正確」な人を銀行は求めている

　銀行だけでなく、金融業界全般に共通しているのは、「信用」がなければ成り立たない仕事だということです。

　金融業では、お客様の金銭を取り扱うだけでなく、資産をはじめとした多くの個人情報を取り扱います。それゆえ、金融業界で働く人には、何よりも高い倫理観が求められます。**顧客の利益を第一に考え、決して私利私欲のために情報を利用しないという強い意志を持った人**が第一に求められる人物像といえるでしょう。

　具体的に「信用」を示すものとしては、まず「口の固さ」が挙げられます。お客様のセンシティブな個人情報や、会社の重要な情報に触れる仕事ですので、**知りえた情報を絶対に口外せず、機密を守ることのできる思慮深さは必須**のものとなります。

　それから、「ルールや期日を遵守できる」というのも「信用」に繋がります。銀行業務をはじめとする金融業は、さまざまな法律に基づいて業務を行っており、法律に関する知識はもちろん、それを遵守する誠実さが必要とされる仕事です。また、期日を少しでも過ぎてしまうとお客様に大きな損害を与えてしまうような業務も数多くあります。ですから、**責任感を持って期日を遵守できる真面目さ**が要求されます。

　口が固くルールや期日を遵守できるというのは、言い換えれば、「慎重さと正確さ」を持った人物ということになります。そのような人物を銀行は求めているのです。

　ちなみに、銀行に就職活動をする場合、3年生のインターンシップのときから何度もその銀行に通うことになります。このとき先方は、あなたがスケジュール管理や自己管理ができる人なのか、つまり「信用」できる人なのかも見ているのです。

2 「柔軟さ」や「体力」、「人に寄り添える心」も必要

「信用」と並んで、銀行で求められるのは「柔軟な対応力」です。現在、金融業界は変革のときを迎えています。特に銀行は業務の自動化やネット銀行の参入などにより、大きな変革期を迎えているのです。

先の見通せない、**複雑な変化が起きているなかで必要な能力は、その変化に柔軟に対応していく適応力**です。銀行は歴史の長い会社が多く、一見保守的な業界だと思う人も多いかもしれませんが、その歴史の長さは時代の変化に的確に順応してきた結果です。そして、ますます変化が大きくなるこれからは、「柔軟な対応力」を持った人材が求められているのです。

先に挙げた「慎重さと正確さ」を持った人物像と、「柔軟な対応力」を持った人物像は矛盾するようですが、それを両立することのできる人こそが、銀行の求める理想の人物像です。日常の金銭を取り扱う業務では正確に遂行する慎重さが求められるとともに、時代に合わせて銀行のあり方を大きく変えていく大胆さも求められているのです。

また、「体力」も銀行に勤めるためには必須の能力です。資格がないと扱えない金融商品などもあるため、普段の仕事をしながら、絶えず継続して資格の勉強をすることが求められます。また、決算期や大幅な法律改正があったときなどは非常に忙しく、体力がなければ務まりません。

そして最後に、銀行に勤める上で忘れてはいけないのが、「**人の心に寄り添う**」姿勢です。銀行業務は顧客一人ひとりと向き合い、大切な資産の管理をする業務でもあります。ですから、常に相手のことを思いやり、ともに考えることが必要になってくるのです。

金融業界（銀行）でよく聞かれる質問

業界内で、行う業務や扱う商品に大きな差がないことから、「なぜ当行を選んだのか」という点は、深く掘り下げて質問されます。また、金融知識を問われることもあります。

> **Q** 身の回りに銀行に勤めている人はいますか？
> どんなアドバイスをされましたか？
>
> **A** 　父が銀行に勤めています。父は、法人営業の方で働いておりますが、目の前の数字だけを追うのではなく、お客様の現場に足を運び、丁寧に話を聞くことがとても大切だと言われました。私も、御行に入行しましたら、何事にも関心を持ち、他部門と連携を取りながら、お客様のために働きたいと思います。

金融機関では、どのような経緯で応募したかの質問が特徴です。また、清廉潔白であることが求められる銀行では、社会生活上で気をつけていることなどを聞かれることもあります。

> **Q** なぜ金融業界のなかでも銀行を志望したのですか？
>
> **A** 　私は困っている人の役に立つ仕事がしたいと考えております。銀行の仕事は、お客様のさまざまな要望に対し、金融という側面からもっとも幅広い提案ができるのが魅力だと感じています。なかでも、御行は～（志望理由を伝える）

金融業界は幅広く、証券や保険、カード会社などの分野があります。金融業界内の別の仕事との差別化ができていないと、志望度の高さが伝わりません。銀行でしかできない業務、銀行だからこそ実現できることを伝えましょう。

他にもこんな質問が

● 怒っているお客様に対応したことはありますか？
● 当行であなたのスキルが活かせると思った理由を教えてください。
● 地方の発展に当行はどのように貢献すべきだと考えますか？

❷ 保険

多種多様な保険業界

　保険業界は金融業界に含まれますが、資産運用が主な業務である銀行や証券などとは違い、保険商品を売ることが主な業務です。また、一口に保険業界といっても、損害保険、生命保険、国内系、外資系、ネット系など、さまざまなものがあり、仕事内容は企業や職種によって大きく変わってきます。

　もっとも、全体として保険業界では、法律や複雑な契約などを含む仕事内容への理解力、コミュニケーション能力、ストレス耐性などを持った人材が求められています。そのため、面接では「対人コミュニケーション」や「学生時代の人間関係」に関する質問が頻出する傾向があります。

▶ 保険業界の研究方法

　保険業界は、近年ネットでも事業展開をしています。競合各社の営業店の比較はもちろんですが、インターネット上での商品も確認しておきましょう。

● 商品：大きく損害保険と生命保険に分けられる。どちらを取り扱っているかの
　　　　確認はマスト。
● 海外：海外展開、もしくは外資も多いのが特徴。補償内容も変わってくるため、
　　　　将来自分が海外での勤務を希望するかどうかも踏まえ、分析しよう。

1 ニーズに応えるマーケティング力
「無形商品」を売るコミュニケーション能力

　保険会社の形態は多種多様ですが、扱う商品から、生命保険会社と損害保険会社に大きく分けられます。ただ、生命保険会社も損害保険会社のどちらも共通して、職種としては、商品開発、営業、サービス支援、専門サービスの4つがあります。

　商品開発は、新たな保険商品の開発を行う職種です。新しい保険を考えるだけではなく、監督官庁への許可申請なども行います。営業は顧客に対して自社の保険商品を売り込んでいく職種です。個人・法人と両方の営業があります。サービス支援は、営業のサポートなどを行う職種です。保険の代理店での対応やサポートなどを行うこともあります。専門サービスは顧客の資産運用を考えたり、資産計画などを提案したりする、保険業界としては少し特殊な職種です。

　ここでは、保険業界のメインの業務である商品開発と営業の仕事で求められる人物像について解説します。

　時代の変化を読み、人々のニーズに応える保険商品を考案する商品開発の仕事でもっとも重要なのは、**世の中の流れを読むマーケティング力**です。特に、損害保険の分野では、例えば最近ではドローンに対する補償など、**新しい製品やサービスが社会に誕生するたびに、それに対応した保険の立案が求められます。**

　いっぽう、**具体的な形のない「無形商品」である保険の営業は、難易度が高いのが特徴です。**そのため、**他業界の営業職以上に高いコミュニケーション能力**が求められます。しかも、保険商品は加入者の不幸を前提にしたものですから、あまり「売りたい、売りたい」という気持ちを全面に出してしまうと反感を持たれてしまう危険性もあります。繊細な気づかいも必要となってくる、難しい仕事なのです。

2 高いストレス耐性を持ち、分かりやすく説明ができる人

　保険業界には、いわゆる保険会社とは別に、保険代理店というものもあります。保険会社が自社で保険商品を開発し、それを販売しているのに対し、保険代理店は自社で保険の商品を持たず、保険会社から販売を委託され、契約者との間に入ってやりとりをします。

　つまり、保険代理店は保険商品の販売に特化した仲介業であり、保険会社と保険代理店はまったく別の業種ということになります。この保険代理店にも大手企業が多数存在し、就活生に人気です。

　保険代理店の仕事では、**保険会社と契約者の間に入って仲介をするので、どちらに対してもきちんと説明ができるコミュニケーション能力が必須**です。また、保険会社の営業職以上に一般のお客様と接する機会が多いので、**難しい契約内容を相手に分かりやすく説明できる能力や、相手が内容を理解してくれるまで説明し続ける粘り強さも必要**になってきます。さらに、保険代理店では契約者から直接クレームを受けることも多いため、**タフで打たれ強いストレス耐性**も必要になってきます。

　最後に、保険会社、保険代理店も含めた保険業界全体で求められる能力に、ホスピタリティ精神があります。保険は「もしもの不幸」に備えるもので、それぞれのお客様によって何に備えておくべきなのか、どのくらいの補償内容が求められるかが大きく変わってきます。そのため、常に相手の立場になって、その人のニーズを汲み取る必要があるのです。

　それぞれの人ごとに異なる必要性や要望を、その人の生活や人生設計などの背景まで見た上で汲み取るホスピタリティ精神こそ、保険業界で働く上でもっとも重要なものといえるでしょう。

▶ 保険業界でよく聞かれる質問

　保険業界では、代理店やお客様との対面での業務が多いため、初対面の人とも意思疎通ができるコミュニケーション能力や論理的な表現力が求められます。

> **Q　この職種を希望した理由は、何ですか？**
>
> **A**　私は、これまでサークル活動やアルバイトなどで培ってきたコミュニケーション能力を活かせるリテール営業を希望します。保険の大切さをお客様にお伝えし、それぞれのライフスタイルに寄り添った保険プランを提案したいと考えています。

　保険業界といえば、営業を思い浮かべる人も多いかもしれませんが、業務は多岐にわたっており、それに伴って職種も幅広いのが特徴です。また、営業といってもさまざまです。職種によって入社後の仕事内容やキャリアパスが異なるため、業務内容についてしっかりと理解できているかどうかが問われます。

> **Q　なぜ損保ではなく、生保を志望したのですか？**
>
> **A**　私は、高校生のときに、部活動で靱帯を切ってしまい、手術しました。自分が気をつけていれば、万が一に備える必要はないと思っておりましたが、怪我や病気は、どんなに気をつけていても未然に防ぐことができないことを実感しました。怪我や病気で働けなくなってしまったとき、生命保険があれば、多くの人を救う力になると思い、志望しました。

　志望理由だけでなく、保険業界の基礎知識も含めた回答が求められる質問です。保険には、多くの種類がありますが、大きくは損害保険と生命保険に分けられます。自分が受ける業種は、どちらに分類されるのか、基礎知識をおさえましょう。

他にもこんな質問が

- あなたの保険の営業に対するイメージを教えてください。
- 合併、吸収が相次ぐこの業界の現状を、どう考えますか？
- 生保における外資系企業の強みは何ですか？

❸ 情報・通信（IT）

今後ますます発展する情報・通信業界

　情報・通信業界は、広く全体を指してIT業界と呼ばれることもあります。仕事内容をひと言でいえば、情報技術を使ったサービスを提供する産業分野です。

　情報・通信は現代社会には欠かせないサービスで、将来的にもさらなる発展が期待できます。そのため、就活生からの人気は非常に高くなっています。

　ただ仕事内容は、ソフトウェア系、ハードウェア系、通信系、情報処理サービス系、インターネット系など、幅広い分野に細かく分かれており、求められる人材もそれぞれで異なっています。自分がどの分野を目指しているのか、明確にしておく必要があるでしょう。

▶ 情報・通信業界の研究方法

　情報・通信業界は、インターネット上に情報が多く公開されています。どのようなサービスを展開しているかなど、面接直前までこまめに確認しておきましょう。

比較対象	比較の方法
沿革	どのようなサービスをリリースしているか比較
Webサービス	リリースしているアプリなどのサービスを体験し、比較
経営層の考え	Webメディアで、経営陣の考え方を比較

1 グローバルな視点と予測能力

　情報・通信業界の特徴はふたつあります。ひとつは、世界的な規模で激しいシェア争いをしていることです。そのため、積極的に海外進出をする企業が多く、外資系企業も日本市場に多数参入しています。それゆえ、この業界を志望しているなら、日本国内だけを見るのではなく、グローバルな視点が求められます。語学力もあったほうがよいでしょう。

　もうひとつの特徴は、非常に早いスピードで技術革新がなされていることです。例えば、携帯電話でいえば、新製品や新サービス、新世代型が数か月おきに次々と登場しています。とても変化が激しい業界ですので、今しか見ていないような人ではついていけません。**常に積極的に情報を収集し、技術革新の方向性や、それが社会に及ぼす影響など、幅広く将来を予測する力を持った人が求められている**のです。

　その他、情報・通信業界で求められる資質としては、「社会貢献欲がある」、「急激な変化に臨機応変に対応できる」、「論理的思考力がある」、「成長意欲がある」といったものが挙げられます。
　情報・通信サービスは、もはや社会インフラですから、社会に貢献したいという気持ちは必須です。そして、先にも述べたように変化が激しい業界ですので、状況の変化に柔軟に対応できる能力が求められます。
　また、文系も入りやすくなっていますが、全体としては理系の業界ですので、特に論理的思考能力が必要になります。さらに、今後ますます発展していく分野ですから、自分もそれに置いて行かれないよう成長したいという意欲は、この業界で働く上で欠かせません。日々新しい知識を貪欲に吸収していく姿勢が求められているのです。

2 高いプログラミング能力がなくても SEになれる

　情報・通信業界を志望している人は、まずはSE（システム・エンジニア）を目指すという人が多いようです。SEの仕事をひと言でいえば、システム開発の全プロセスに携わる業種ということになります。仕事は大きく分けて、「要件定義」、「基本設計」、「詳細設計」、「テスト」、「保守・運用」の5段階に分かれています。

　「要件定義」は、顧客の要望を聞き、どのようなシステムを望んでいるのかをはっきりさせる業務。次の「基本設計」では、顧客の要望を実現するためのシステム設計を行います。「詳細設計」は、基本設計で決定したシステムを実際にプログラミングするため、より具体的な設計を行います。「テスト」は、システムが設計どおりに動作するかを確かめる業務です。そして、「保守・運用」では、運用を開始したシステムの障害への対応を主に行います。

　ところで、SEというとプログラミング能力が高くないとなれないと思っている人もいるかもしれません。しかし、高いプログラミング能力が求められるのは「基本設計」、「詳細設計」、「テスト」などの作業をメインに行う人だけです。「要件定義」では、お客様とのコミュニケーション能力が一番求められます。また、普通はひとつのシステムをチームで協力して作り上げますから、プロジェクトの責任者には、**メンバーをまとめ上げる能力や、システム開発の進捗を管理する能力**が求められます。

　そういう意味で、SEになるには最低限のプログラミング知識は必要ですが、どの業務を担当するかによって求められる能力は違ってきます。ただ、全体的には、やはりモノづくりが好きな人が向いている業界だといえるでしょう。さらに、**問題を発見したとき、すぐ解決のために動ける人が向いています。**

情報・通信業界でよく聞かれる質問

　情報・通信業界は、需要の高まりから注目されており、人気も高い業界です。業務内容が多岐にわたるため、業務内容に関する質問が多い傾向にあります。業界研究や企業研究をしっかりと行い、面接を乗り越えられるようにしましょう。

 Q 普段、どんな手段で情報収集していますか？

A 　AやBなどのサイトやアプリで情報を収集しています。最近では、5Gを地下鉄で活用している、というニュースに興味を持ち、スマートフォンだけでなく、複数の新聞からも情報を集めました。

　情報収集力（情報感度）を測るための質問です。特に情報・通信業界では、現在興味のある技術やそれに伴う情報収集の方法を質問されます。プログラミングや情報技術にどのくらい関心があり、積極的に情報収集を行っているかを評価して、業界への適性を見ています。

 Q 営業の仕事で求められる素質は何だとお考えですか？

A 　営業に必要な素質はたくさん考えられますが、特に傾聴力が求められると考えています。お客様にとって話しやすい雰囲気は重要だと思いますし、お客様のさまざまな話のなかから求めていることを的確に聞き出すことが、会社の利益にも繋がると考えます。

　通信業界では、多くの人が営業職に配属されるため、営業職について正しい理解が進んでいるかが問われます。営業といっても「既存営業か新規営業か」、「既存品の販売かカスタマイズ製品の販売か」、「法人営業か個人営業か」など、さまざまです。OB・OG訪問で仕事への理解を深めましょう。

【他にもこんな質問が】- -

● AIやIoTは、世の中をどう変えると思いますか？
● 当社のアプリやソフトウェア、Webサービスなどで注目していることはありますか？
● 当社の新商品、または新サービスのアイデアをいくつか述べてください。

④ マスコミ

志望動機を厳しくチェックされる

　広告、出版、新聞、テレビに代表されるマスコミ業界は、華やかなイメージもあり、昔も今も就活生に人気の業界です。ただ、そのぶん「憧れ受験」も多く、採用試験では志望動機が厳しくチェックされます。

　なぜその会社に入りたいのか、なぜ他社ではいけないのか、具体的にどんな仕事をしたいのか、なぜその仕事がしたいのか、自分のどんな部分を活かせるのか、なぜ活かせるといえるのかなどについて、何度も質問されるのです。その追及に応える覚悟と準備をしておきましょう。「マンガが好きなので出版社に入りたい」、「お笑い番組が好きだから作りたい」程度の志望動機では入れません。

▶ マスコミ業界の研究方法

　マスコミ業界では、志望する媒体によって、比較対象は変わってきます。しかし、どのマスコミも足を使うことが非常に重要です。

● 見学：テレビ局などは、一般公開されていることも多い。複数企業を見学しておこう。

● 時事問題：マスコミでは、時事問題を問われることが多いのが特徴。ニュースを複数媒体で確認し、自分なりの視点を持っておくとベター。

1 発想力、情熱、コミュニケーション能力

　マスコミ業界の仕事はクリエイティブなものですから、当然、発想力は求められます。採用試験では、仕事のアイデアや企画案を問う質問が何度も出るでしょう。ひとつのテーマについて、3つ程度のアイデアを一気に出すように求められることもあります。また、そのアイデアを人に説明し、理解してもらい、共有する仕事なので、プレゼン能力は必須です。

　アイデアのもととなるのは、さまざまな事柄についての知識です。常に斬新なアイデアを出すためには、**時事問題、社会問題、一般常識なども含めて世の中にアンテナを張り続け、情報収集をする能力が求められます**。情報はネットやメディアから得るだけではなく、ときには自分の足で稼ぐことも必要です。そのため、マスコミ業界では行動力も求められる能力のひとつです。

　もちろん、クリエイティブな仕事である以上、モノづくりに対する熱い気持ちを持っていることも大切です。何を作るかは分野によって違いますが、情報を発信する、その媒体を作るという点では共通しています。そんなモノづくりを支えるのは、**何かを伝えたい、伝えるための何かを作りたいという情熱的なモチベーション**です。熱い気持ちだけでは入れませんが、熱い気持ちがなければ入れないのがマスコミ業界なのです。

　それから、人当たりのよさやコミュニケーション能力も重要です。マスコミ業界では仕事上、さまざまな人と関わるため、対人関係が苦手な人には向いていません。また、自分の趣味で好き勝手に発信できるわけではなく、クライアントの意向に沿ったものを作る必要もあります。それゆえ、柔軟さや交渉力も必須といえるでしょう。

2 結局最後は体力勝負

　華やかに見えるマスコミ業界ですが、仕事自体はとてもハードですので、体力は必要となってきます。

　例えば、広告代理店や出版社の社員は、クライアントと自社の間を行ったり来たりと奔走したり、納期ぎりぎりに修正が入って徹夜で仕事をしたりすることもあります。新聞記者や雑誌記者、テレビ局の社員の場合も就業時間が不規則で、深夜まで作業が続く日や、早朝から遠方へ取材に行かなければならないときもあります。忙しい時期は、徹夜で仕事をして風呂は洗面所で済ませるケースもある業界なのです。

　マスコミ業界では、クライアントや取材先に合わせて行動することがほとんどですので、自分の時間があまり多く取れないこともあるでしょう。また、同じ業界のなかでも、立ち仕事や力仕事が多い職種でもあります。そう考えると**発想力やコミュニケーション能力に加えて、それを絶え間なく媒体に変換する体力が一番求められる能力**なのかもしれません。

　他には、別の業界への関心の深さも求められます。マスコミでは仕事上、取材対象などとなる一般企業や一般社会のことにも普段から関心を持ち、深く知っておく必要があります。そのため、就職活動で「私はマスコミ業界しか受けていません」といった人は視野が狭いと判断され、落とされてしまう可能性があります。もし、マスコミが第一志望だったとしても、ぜひ別の業界も受けてください。

　そういう意味では、他の業界以上にアルバイトやインターンシップの経験の有無は重視されます。就活の本格スタートまでにまだ時間がある人は、できるだけ積極的にそれらの活動をしておくようにしましょう。

▶ マスコミ業界でよく聞かれる質問

　マスコミ業界は、現在、SNSなどの普及によって、全体的に利益が減少し、変革期を迎えています。この変革期をどう乗り越えるか、問われることも多いでしょう。

> **Q** クリエイティビティとは何か、ひと言で答えてください。
>
> **A** 　可能性の塊です。私は、大学のサークルでフリーペーパーをデザインしていました。サークル内でもデザインのイメージに違いが出てきて、とても勉強になりました。十人十色の考え方が、デザインの力で目に見えるところに可能性を感じています。御社に入社できた際は、多くの人に刺さるような情報伝達をしたいと考えています。

　マスコミ業界は、総じてクリエイティブな業種ですので、「〇〇の会社であるというキャッチフレーズを考えてください」のような質問も同様によく問われます。「あなたをひと言で表すと？」はどの企業でも問われることがある質問ですが、とっさにキャッチコピーや言葉の言い換えが求められるのは、マスコミ業界ならではといえます。

> **Q** 好きな番組とその理由を教えてください。
>
> **A** 　好きな番組はたくさんありますが、〇〇という番組が特に印象深いです。好きな理由は、5分という短い時間の番組ですが、インタビューメインで、さまざまな人の人生を知ることができるからです。

　マスコミ業界では、「好きな番組は？」「影響を受けたキャッチコピーは？」など、さまざまなことが問われます。企業選びの軸を確認している面もありますので、志望動機などと矛盾が生じないような回答である必要があります。

他にもこんな質問が

● これからのマスコミ業界はどうあるべきだと考えていますか？
● あなたの地元に行きたくなるように1分でPRしてください。
● 学生時代に学んだこととマスコミの共通点は何だと思いますか？

❺ 建設・不動産

やりがいはあるが、景気に左右されやすい

　建設・不動産業界の仕事は、街づくりをするディベロッパーから、マンションや戸建て住宅、アパートなどの売買、賃貸業務、建物の管理まで、とても幅広いものです。ひと昔前までは男性の職場というイメージがありましたが、近年は建設・不動産業界を志望する女性は増えています。

　仕事の結果が建物など目に見えて残ることが多いため、やりがいのある仕事ですが、社会全体の景気に左右されやすいという面もあります。また、都心回帰や地方移住など、社会情勢の変化に合わせて事業方針の大胆な変化がある業界ということも認識しておきましょう。

▶ 建設・不動産業界の研究方法

　建設・不動産業界は、業務も多岐にわたるため、分析が難しい業界です。取引先の情報や、経済状況などを分析しましょう。

比較対象	比較の方法
分野	不動産開発・不動産流通・不動産管理の3つを比較
経済状況	経済状況と経営状況を比較
取引先	土地や物件を仕入れる際に取引のある都市銀行を比較
海外	海外拠点数や海外売上比率を比較、確認

1 未来を見通す力が「地図に残る仕事」に繋がる

近年、建設・不動産業界のなかでも、特に人気が高いのがディベロッパーです。いわゆる「街づくり」がディベロッパーの仕事で、大規模な不動産開発を行い、「地図に残る仕事」ができるということから、この仕事に魅力を感じている就活生が多いようです。

街全体の開発でなくても、大規模なマンションや複合施設、高層ビルを手がけるのもディベロッパーの仕事です。あるいは、街のランドマークを企画する仕事などもあります。

数億、数十億の金額が動く仕事ですので、ディベロッパーに求められる一番の能力は責任感といえるでしょう。ひとつのプロジェクトがスタートから完成まで何年がかり、ものによっては10年以上ということもあるので、最後までやりぬくという意味でも責任感は必須です。

それから、街や建物は、造ってから何十年も残っていくものです。**現在を見るだけでなく、将来の変化を見通す力も必要**となってきます。

また、ディベロッパーには**「豊かな社会」を作るという使命感とともに、どうやって利益も出すかという冷静な計算も必要**です。ディベロッパーの仕事は、どのような土地に、どのような建物を建築すれば収益が上がるかを検討することから始まります。つまり、理想と現実の両方をバランスよく見る必要があるのです。

ちなみに、ディベロッパーを志望するなら、志望企業の造った街や建物を実際に自分の目で見に行っておくようにしましょう。完成したものだけでなく、建設過程を見に行くことも大切です。実際に現場を見たことがあるかどうかは、面接で必ずといってよいほど聞かれます。

2 お客様の要望を汲み取る コミュニケーション能力

　不動産の仲介業や住宅・土地販売なども建設・不動産業界の重要な仕事です。こちらのほうが、ディベロッパーよりも身近な存在といえるでしょう。

　仲介業は、新築・中古の一戸建てやマンション、アパートなどを、売りたい・貸したい人、買いたい・借りたい人の間に入って契約を取りまとめる仕事です。いわゆる、「駅前の不動産店」がこれに当てはまります。

　住宅・土地販売は、分譲マンションや建売住宅、住宅を建築するための土地を販売する仕事です。こちらは、住宅を建築するハウスメーカーやディベロッパーが直接新築の住宅を販売するケースもあれば、ハウスメーカーやディベロッパーが建築した住宅を不動産販売会社が販売することもあるなど、その形態は多様です。

　街づくりや複合商業施設の建設ほど金額的に大きなものではありませんが、新築・中古の一戸建てやマンションは、たいていの場合、お客様にとっては一生に一度の買い物となります。言い換えれば、人の人生を預かる仕事でもあるため、ミスは絶対に許されません。そういう意味では、**ディベロッパーと同じように責任感は必須**となってきます。また、**お客様の要望をしっかりと汲み取るためのコミュニケーション能力も必要**となってきます。

　コミュニケーション能力は、建設・不動産業界の柱のひとつである管理業務でも必須のものです。管理業務は、アパートのクレーム処理やオフィスビルの点検など、使っている人が快適に暮らせるようにサポートを行う仕事です。建物のオーナーや管理会社など、常に誰かと関わりながら行う仕事ですので、円滑なコミュニケーションは欠かせません。

▶ 建設・不動産業界でよく聞かれる質問

　建設・不動産業界の仕事は、専門性が高いため、面接の段階で専門知識を問われることがあります。また、営業職が多いため、コミュニケーションスキルも求められます。自己PRなどで、コミュニケーションスキルをアピールしましょう。

Q 当社の建築物は見学しましたか？

A 　〇〇と△△にある御社の建築物を見学してきました。どちらにも〇〇という特徴がありました。御社に入社できましたら、駅近くで、家具つきであるという強みをお客様にきちんとお伝えして、多くのお客様のニーズにあった家をご提案したいと思います。

　建設・不動産業界ならではの質問です。ここでは、応募先企業にどのくらい興味があるのかを見ています。

Q 都内23区の築40年のマンションを6か月以内に売る方法を考えてください。

A 　築40年と古い物件ですが、築年数の古いマンションの購入層のなかには、マンションを安く手に入れて自分の好きなようにリフォームすることを目的にしている人がいます。都内で、立地条件はよいので、なるべくこちらで手を入れないことで、安く売ることができると考えられます。

　実際にありそうな案件を例題に出し、その人がどのような方法を考え提案するのか見極めるために聞かれる質問です。このような質問に正解はありませんが、明らかに無理のある答えだと印象は悪くなります。逆に新しい発想の提案ができると、印象がよくなるでしょう。

┌─ 他にもこんな質問が ─┐

● なぜ不動産業界のなかで、弊社を志望されましたか？
● 入社後はどんな仕事がしたいですか？
● オルソデジ（専門用語）について、説明してください。

志望動機・自己PRに活かす！　業界別 求められる人材

❻ コンサルティングファーム

厳しくもやりがいのある仕事

　コンサルティングファームは、事業戦略や業務オペレーション改革、システム構築など、企業の抱える経営課題を解決に導く企業のことです。近年は、大企業から中小企業まで多くの企業がコンサルティングファームの支援を受けていて、就活生にも人気の業界となっています。

　ただ、入社後の最初の3年間は基本給が支払われるものの、そのあとは歩合や成果給になるといった会社もあり、また本業のコンサルタント業務だけではなく顧客の開拓も求められるなど、厳しい業界でもあります。ですが、そのぶん自分の能力と頑張り次第で活躍できる、やりがいのある仕事ともいえます。

▶ コンサルティングファーム業界の研究方法

　コンサルタントは、近年人気の職種です。ESよりも能力そのものが重視されます。自己分析により力を入れましょう。

比較対象	比較の方法
分野	得意分野（戦略系・会計系・HR系、IT系、シンクタンク系）で比較
契約形態	プロジェクトの人数や規模、課題の難易度で比較
M&A	経営基盤の強化方法を比較

求められる人材 1
相手の抱える問題を深く理解する コミュニケーション能力

コンサルタントの仕事で、もっとも必要となる能力はコミュニケーション能力です。コンサルタントはクライアントと密にコミュニケーションを図り、相手の抱えている問題を深く理解しなければ的確なアドバイスはできません。

また、コンサルタントの提案は、お客様が実行して初めて意味を持ちます。もし、それが実行できない場合は、リソースの問題なのか、組織的な構造の問題なのか、あるいは特定の個人の問題なのかといったところまで理解しないと、実行可能な提案はできません。そのためにも、コミュニケーション能力は必須となります。

それから、コンサルタントには**クライアントから信頼される人間性**も必要になってきます。抱えている問題をクライアントが正直に相談してくれなければ、アドバイスのしようがないでしょう。「この人にだったら、何でも相談できる」とか「問題が起きたら、まずはあの人に連絡しよう」という信頼感がなければ、成立しない仕事なのです。**信頼を得るためには、常にクライアントの視点に立って、自分の問題として考えるのと同時に、ときにはクライアントが触れたくないと思っている問題であっても、あえて問題提起を行う場合があります。**

求められる人材 2
企業情報を漏洩しない高い職業倫理観

もうひとつ、コンサルタントには**高い職業倫理感**も求められます。コンサルタントが扱う情報は、企業にとって極めて機密性の高いものです。ですから当然、情報漏洩は禁物です。さらに、**日常からきちんとした立ち振る舞いも期待されます**。また、クライアントの都合が優先されるため、ときにはプライベートの時間が犠牲になることもあります。それでもお客様の役に立ちたいという情熱がなければ、なかなか続かない仕事といえるでしょう。

第4章

効果抜群！内定に近づく面接対策

❼ メーカー（食品）

小さくても実力のある企業も多数

　食品業界は、扱っている商品が身近なこともあり、常に就活生から高い人気を誇っています。大手メーカーなどでは、内定獲得倍率が200倍を超えることもあるほど。ただ、知名度の高い大手だけでなく、企業規模は小さくても実力のあるメーカーが多いのもこの業界の特徴です。

　また、飲料なのか、冷凍食品なのか、お菓子なのか、調味料なのかなどメーカーによって得意としている分野が明確にあるいっぽう、近年は飲料メーカーが製薬も手がけるなど、垣根を越えた相互参入も激しく進めています。食品メーカーを志望する際は、業界や企業研究を入念に行い、理解を深めておくことが大切です。

▶ 食品業界の研究方法

　食品メーカー業界では、競合他社との比較が大切です。擬似商品の比較をし、各社の特徴をおさえましょう。

比較対象	比較の方法
商品	価格、味、香りなどの比較
デザイン	商品パッケージのデザイン、耐久性、開けやすさの比較
広告	店舗での陳列、宣伝チラシやポスター、キャンペーンの有無や内容を比較

1 主体的な発想力を持っている

　食品メーカーの仕事は、その会社が扱う食品によって多種多様です。ただ、どのメーカーも職種としては基本的に、研究・開発部門、生産・生産管理部門、マーケティング部門、営業・販売部門に分けられます。

　この業界の企業を志望する場合、「その企業の商品が好き」ということは大前提となります。ですが、それだけでは合格は難しいでしょう。食品メーカーが求める人物像は、「**その企業の商品のファン**」ではなく、「**自社のことをしっかり理解し、主体的な発想を持って、発展に貢献してくれるだろうと期待できる人物**」です。

　このことから、「私は御社の○○という商品が大好きで志望しました」というより、「これから業界全体が△△となっていくなかで、御社の○○をヨーロッパやアジアでもさらに広めていきたい」といったアピールができる人が高い評価を得られます。そのためにも、詳細な企業・業界の動向分析は必須です。

　研究・開発部門を目指すなら、提案力や企画力も重要となります。企業が発展するためにはヒット商品の開発が欠かせないので、柔軟な発想力を持った人材が求められているのです。

　それ以外では、食品メーカーである以上、「食そのものに興味を持っている」ことも仕事をうまく進めていく上で必要不可欠なポイントです。自分でおいしいと思う食を積極的に探したり、さまざまな食品の新商品に興味を持ったりしている人でなければ、熱意を持って働き続けるのは難しいでしょう。また、食は楽しみであり、生活を豊かにするものであると同時に、人々の生命活動に直接関わるものです。それゆえ、**生産・生産管理部門では特に安全・安心に対する高い意識を持ち、責任感と誠実さのある人物**が求められます。

2 小売店・問屋バイヤーとの厳しい交渉に耐えうる タフなコミュニケーション能力

営業・販売部門では日々、小売店や問屋のシビアなバイヤーとの交渉が主な仕事となります。それゆえ、**タフなコミュニケーション能力は必須**です。

得意先に対しては、単に「この商品を売りたい」という思いで接するのではなく、**その商品を受け入れることによる相手方にとってのメリットを明確に伝えることが要求されます**。そのため、得意先の視点を持つということも重要になってきます。さらに、相手が何を必要としているのかを考えるだけでなく、自分から相手側のニーズを引き出す提案型営業を行う必要もあります。

そうやって厳しい交渉を積み重ねた結果、ライバル企業の商品を押しのけて自社商品の棚を確保したときが、食品メーカーの営業・販売職の最大の喜びであり、やりがいとなります。ちなみに、スーパーなどのかき入れ時は土日なので、志望企業がとりあえず土日休みになっていても、営業・販売職は土日に売り場に行って自社商品の置かれ方などを自分の目でチェックするのも大事な仕事です。そういった、泥臭い現場であることも覚悟しておきましょう。

コミュニケーション能力は営業・販売以外の部署でも必要となってきます。食品メーカーでは各部署間で連携を図りながら、販売戦略とコストの調整をするなどの社内コミュニケーションが他業界と比べても多く発生するからです。

最後に、食品メーカーを志望するのでしたら、当たり前すぎて忘れがちですが清潔感には気をつけてください。面接の最後に「爪を見せてください」と言われることもあります。

食品業界でよく聞かれる質問

食品業界も人気のある業界のひとつで、当然のことながら食品にまつわる質問が多く問われます。自己分析をするだけでなく、食品に関する勉強もしておくとよいでしょう。

 Q あなたの食へのこだわりを教えてください。

A 私のこだわりは、麺類です。特にうどんは週に5回以上食べることがあります。どんなに嫌なことがあっても、うどんを食べている間は幸せな気持ちになります。程度に差はあるかもしれませんが、私は誰もが食べ物で幸せになれると思います。今後は自分だけでなく、周りの人にその幸福感を届けられるような仕事を御社でしたいと思っています。

食品業界で、多く問われる質問です。食文化や健康づくりへの興味などをPRしてもよいでしょう。また、食品業界では安全性も重要です。これらを盛り込んだ回答は好印象を与えられます。

 Q どんな新商品を作りたいですか？

A 私は、お手頃価格で高級感のあるスイーツの開発をしたいです。近年は、スイーツ好きを公言する人が増えてきており、幅広い層から手に取ってもらうことで、日本の経済の活性化に繋がると考えています。具体的には、日本独自の食材を使って、欧米の本場のスイーツを日本人の嗜好に合わせて新しいものを作りたいと考えています。

食品業界のグループワークでもよく出される課題です。ここでのポイントは、自己満足で終わらせず、業界の現状も踏まえた提案ができるかどうかです。企業研究だけでなく、業界分析もきちんと行っておきましょう。

```
他にもこんな質問が
```
- 料理はしますか？
- 食品メーカーの社会的責任は何だと思いますか？
- テーブルの上にある商品を私に売ってみてください。

❽ メーカー（化粧品）

景気に左右されない安定感

　化粧品業界は、あまり景気に左右されない安定した業界とされています。そのため、安定性を重視する就活生に人気があります。

　化粧品という商品の特性から女性が多い職場というイメージがあるかもしれませんが、近年は肌の手入れなど美容に関心のある男性も多いため、男性の志望も増えています。そのため、受験者の男女比にそれほど差はありません。また、男性化粧品を中心にしているメーカーに女性が入ることも、その逆のケースもよくあります。

　同業他社の多い業界で、常に激しいシェア争いをしているので、「なぜ他社ではなく当社に入りたいのか」という点を面接では厳しく問われる傾向があります。

▶ 化粧品業界の研究方法

　化粧品業界は、さまざまな店舗でサービスを展開しているのが特徴です。実際に店舗に足を運んだり、ネットで商品を確認したりするなど、さまざまな方法で商品の比較を行いましょう。

● 店舗：百貨店内の競合他社、ドラッグストアやコンビニなどの売り場の比較をしておこう。

● その他：各社のパンフレットのデザインや商品の金額、サービスを比較し、まとめておこう。

1 チームで働くための傾聴力、コミュニケーション

　化粧品メーカーでは、まず大前提として化粧品や美容に関心の高い人を求めています。また、実際に志望企業の商品を使ったことがあるかということも大切です。

　ただ、「御社の化粧品をずっと愛用しているので応募しました」といった程度の志望理由では合格は難しいでしょう。「どんな部署で、どんな仕事をし、どうやって売上に貢献するか」ということを具体的にアピールする必要があります。

　その上で求められる能力としては、第一にコミュニケーション能力です。**化粧品メーカーは顧客からのニーズにいち早く応えていく必要があるため、聞き上手な人材が好まれます。**さらに、そのニーズに応えるために新商品の企画や開発を行う際、社内でチーム間の連携が求められることからも、コミュニケーション能力は必須なのです。

2 責任感のある人

　強い責任感も必要な資質です。**化粧品は消費者の肌に直接触れるものであることから、どんなことに対しても細心の注意を払いつつ、責任を持って仕事に取り組める人材が求められています。**もし万が一、商品に不良や欠陥があれば、企業イメージが悪くなって信用を失ってしまいます。それゆえ、責任感が大事になってくるのです。

　それから、意外と重要なのが「**ブランドイメージに合った人**」ということです。それぞれの化粧品メーカーは、自社のブランドイメージをとても大切にしています。ブランドイメージというのは曖昧なため就活生にとっては対応が難しいところですが、例えばナチュラルなイメージで売っているブランドを受ける場合は、面接の際、ナチュラルなメイクで臨むといった気づかいが必要になります。

❾ 卸売（商社）

就活生に人気の7大総合商社

　商社には、さまざまな商品・事業に関するトレーディングや事業投資を行う「総合商社」と、特定の業種・分野に絞り込んでトレーディングや事業投資を行う「専門商社」の2種類があります。

　海外では専門商社のほうが一般的で、総合商社は日本独特のビジネス形態です。就活生には、特に総合商社の人気が高い傾向があります。

　代表的な総合商社は、三菱商事、伊藤忠商事、丸紅、三井物産、住友商事、豊田通商、双日の7社です。これらは7大商社とも呼ばれていて、就活生の人気が集中するため、非常に採用倍率が高くなっています。

▶ 卸売業界（商社）の研究方法

　商社を受けるなら、志望部門が手がけたプロジェクトなどの見学や、開発したサービスの体験が重要です。志望企業への理解が深まり、面接で高評価を得やすくなります。

比較対象	比較の方法
プロジェクト	見学し、比較。プロジェクトが海外の場合は、画像や映像を確認して比較
サービス	実際に使用し、比較
資源	各商社の資源・非資源の取引額を確認
IR情報	各社の経営状況を確認

1 当然のように求められる語学力

　ここでは、商社のなかでも、就活生に人気の高い総合商社が求める人物像について解説します。ちなみに、専門商社は文字通り専門性を問われるため、より専門的な知識やスキルが要求されます。ただ、総合商社も専門商社も、事業モデルの基本は同じです。

　「ラーメンから航空機まで」といわれるほど幅広い商品を取り扱い、日本国内のみならず、世界中の国々を飛び回って商取引をする商社の仕事では、まず語学力が極めて重視されます。それも、**英語だけなどのひとつの言語ではなく、英語＋中国語、英語＋スペイン語、中国語＋ポルトガル語など複数の言語に堪能だと重宝されるでしょう。**

　次にコミュニケーション能力も、商社で働く上では必須のものです。商社のビジネスは、売主と買主の間に入って双方の要望に応えながら、取引先と自社のどちらにも利益をもたらすというものです。当然、**柔軟な交渉力が求められますし、相手の要望を正確に聞き、あるいは伝える力**が必要となってきます。また、海外の取引先との交渉では、外国語に堪能というだけでなく、相手国の文化や習慣などを理解することも不可欠になります。つまり、レベルの高い総合的なコミュニケーション能力が商社では求められるのです。

　それから商社の仕事では、行ったことのない国に行っていきなり仕事をするというケースもたくさんあります。そのため、チャレンジ精神が旺盛な人が求められます。慣れない環境での仕事では、未知の体験の連続になるでしょう。そんななかでも挫けずに仕事に取り組んで成果を出すためには、知らないことや新しいことに積極的にチャレンジでき、それを楽しめる気持ちが必要となってくるのです。

2 どんな環境でもやっていけるタフなバイタリティ

　もうひとつ商社で働く上で必須となるものが、タフなバイタリティです。商社の仕事では、結果が出るまでに何年もかかることがよくあります。例えば、アフリカの国に行って鉱物資源が採掘できるまで日本に戻れないといったことも普通にあるのです。**短期間ですぐに結果が出なくても諦めず、いつ終わるか分からなくても結果が出るまで頑張り続けられるバイタリティ**は、商社で働くならとても大事な能力となります。

　日本国内の勤務であっても、取引先の外国の時間に合わせて仕事をしなければならないこともあります。その結果、必然的に長時間労働になりがちです。また、国内で働いていても、いつ突然、外国への出向を命じられるかは分かりません。それゆえ、ストレス耐性に強く、どんな環境でもやっていけるタフなバイタリティは、商社で働くなら必要不可欠な能力なのです。

　ところで、商社におけるメインの業務は商取引ですが、近年は事業投資や、商社自らが製品の開発から販売までを一貫して行う事業経営なども業務の大きな柱となっています。このうち、特に事業経営では、**卸売業務のように多くの関係者の調整を行うだけではなく、事業の当事者としてリーダーシップを持って方向性を決め、関係者を取りまとめていく必要**があります。そのため商社ではリーダーシップも重要な能力として求められています。

　このように、コミュニケーション能力、チャレンジ精神、タフなバイタリティ、リーダーシップなどの能力が高ければ、語学力が多少低くても、入社後の語学研修で大きく伸びることを見込まれ、内定が出ることもよくあります。諦めずに選考に臨んでください。

卸売業界（商社）でよく聞かれる質問

　卸売業界のなかでも、特に総合商社は、ライバル意識が強い業界です。そのため、就活状況などを聞かれることが多いのも特徴です。また、商社では対人能力、つまりコミュニケーション能力が非常に重要ですので、どんな質問にも自分の言葉で考えを伝えるように心がけてください。

> **Q** なぜ当社が第一志望ですか？
>
> **A** 　理由はいくつかありますが、私なりに研究を重ねた結果、私の描く今後の戦略と最も合致していたのが御社です。また、OB訪問で、〇〇様とお会いした際にも、特に私が希望している化学品部門は他社の追随を許さないことを伺いました。以上の2点から、御社が第一志望です。

　先述したとおり、総合商社はライバル意識が高い業界です。ですので、他業界や同業他社、専門商社は希望していないのか、といった一連の質問が問われるでしょう。この会社しかない！という回答とそう思う理由を的確に答えることが求められます。

> **Q** 当社が真のグローバル企業になるには、どうすればよいと思いますか？
>
> **A** 　世界中で共通の人事評価を導入することです。現在、御社はアジアを中心に世界で企業展開をしていますが、OB訪問で〇〇様より、評価制度は各国で異なる、と伺いました。評価制度も統一することで意識の共通が図れ、より結束したグローバル企業になるのでは、と考えます。

　商社は、世界に展開している企業も多く、世界情勢などを踏まえた質問をされることも多いのが特徴です。また、海外での滞在経験を問われることもあります。就活の軸をどこに置いて、海外でもどう活躍したいのかを考えておきましょう。

他にもこんな質問が

- 最近関心のあるニュースは何ですか？
- 海外から見た日本の価値は何だと思いますか？
- 今後の世界経済の展望と、当社の役割についてどう思いますか？

⑩ 小売（百貨店）

変革のときを迎えている百貨店業界

　百貨店は小売業の花形ともいうべき存在です。ただ、近年はインターネット通販などの普及によって売上は減少傾向を続けており、統廃合も盛んに進み、変革のときを迎えています。

　とはいえ、地方などではまだまだステータスが高く、家族が喜ぶといったこともあって、Uターン就職を考えている就活生などには人気の業界です。

　それぞれの百貨店には、長い歴史と築き上げてきたブランドイメージが明確にあります。百貨店への就職を希望するなら、しっかりと企業研究をし、「なぜ他の百貨店ではなく、この百貨店で働きたいのか」ということを強くアピールしましょう。

▶ 百貨店業界の研究方法

　百貨店はメーカー同様、実店舗を多く構えているため、実際に足を運んで比較してみることが重要です。

- メーカー：仕入れ先、つまり取引相手によって、商品のラインナップも異なる。どのようなコンセプトか確かめるためにも、仕入れ先を比較しよう。
- 店舗・ネット：近年では、サイトで百貨店に出店している商品を扱うことも多い。店舗とネットで、商品を比較しておこう。

1 「お客様の視点」に立てる

百貨店の仕事というと、フロアに立って販売を担当する仕事がイメージされやすいですが、実際の仕事内容はさまざまです。例えば、個人ではなく法人に対する営業や、百貨店で行われるイベントの企画、誘致する店舗の選定なども仕事のひとつです。

ただ、それらの仕事に最初から就けることは少なく、やはり最初は店舗での接客がメインとなります。そのため、人と接するのが得意とか、好きという人でないと務まらないでしょう。

さらに接客業務においては、どれだけ**「お客様目線に立って物事を考えられるか」が重視**されます。また接客だけでなく、仕入れや物産展などの企画、店舗計画も、お客様が求めるものを把握しなければ成果は出ません。そういう意味で「お客様目線」というのは、百貨店で働く上で、もっとも大事な要素なのです。

2 チームで目標達成するための協調性、コミュニケーション力

それから、百貨店では協調性も求められます。百貨店の仕事は基本的にチーム単位で行われています。チームで助け合い、成果を上げることを目標として仕事が進められているので、協調性のない人が働き続けるのは難しいでしょう。チームの輪が乱れると売上が落ちてしまう可能性もあるため、百貨店は**協調性があって、どんな人ともうまくコミュニケーションが取れる人**を求めています。

⓫ 人材・教育・福祉

アイデア次第で拡大できる業界

　人材・教育・福祉業界に共通する点は、比較的歴史の浅い、ベンチャー的な企業が多いところです。そのため、新興企業であっても、斬新なビジネスアイデアによってシェアを拡大したり、新たなニーズを開拓したりする企業が数多くあります。

　この業界を志望する場合、将来自分が何をやりたいのかというキャリアビジョンを明確に持っていたほうが高い評価を得られます。また、果敢なチャレンジ精神も求められる業界です。ただ、企業によって業務内容や理念などが大きく違うことも多いので、ミスマッチを避けるためには、表面的ではない深い企業研究が欠かせません。

人材・教育・福祉業界の研究方法

　人材・教育・福祉業界は、サービス業ですので、どのようなサービスを提供しているのか、競合他社と比較しておきましょう。

比較対象	比較の方法
サービス	どのようなサービスを提供しているか他社と比較
社員研修	どのような研修制度があるのか他社と比較
IT	IoTが用いられたサービスを比較
海外	海外での事業展開を比較

1 伝える力と聞く力の両方が必要

人材業界の仕事は、大きく以下の4つに分類できます。

- **人材紹介**：求職者と求人者、ないしは企業との仲介を行い、双方のマッチングを成功させる。
- **人材派遣**：派遣会社に登録している求職者を企業に派遣する。
- **求人広告**：企業の求人情報を自社メディアに掲載し、求職者に情報提供する。
- **人材コンサルティング**：企業の人事戦略や人事評価制度等に関するコンサルティングサービス。

この4つの分野のどれかに特化した企業もあれば、すべてを手がける企業もあります。基本的に大手の人材会社は、4分野を自社で手がけています。

どの分野においても人材業界でまず必要とされるのは、コミュニケーション能力と情報収集能力です。人材業界は、どの分野であっても基本は人との関わりで成り立っていますので、コミュニケーション能力は必須といえるでしょう。もちろん、ここでいう**コミュニケーション能力には、単に話す力だけではなく、相手の要求をしっかり聞ける傾聴力も含まれます。**

それから、人材の募集状況は日々変化していくものです。市場の動きに合わせてリアルタイムで適切な情報を収集し、求職者や採用担当者と密に連絡を取らなければ、せっかくの機会を逃してしまいます。そういう意味で、情報収集能力も必須のものとなります。

その他、「求人広告」の仕事では、企業に対して営業を行う必要があるので、積極性や自主性が必要です。「人材コンサルティング」の仕事では、プロジェクトごとにチームで働くため、他者と協力して成果を上げることのできる人材が求められます。

2 一番大切なのはホスピタリティ精神

　教育業界の仕事は大きく分けると、小中高の生徒を対象とした塾などの進学向けと、キャリアアップを目的とした社会人向けの2分野があります。さらに、社会人向けの分野では、英会話スクールやプログラミング能力の取得支援、資格取得支援など個人を相手にしたものと、社内コミュニケーションを活性化させる研修やリーダーシップ研修、面接官やリクルーターの育成といった企業向けの社員研修サービスに分かれています。

　このように、教える対象は子どもから社会人、法人と幅が広く、企業によって中心業務は違ってきますが、どれも人が人に何かを教える仕事である以上、コミュニケーション能力は必須です。また、教える内容や対象にもよりますが、受講者からの質問にしっかりと対応できるだけの情報収集能力や、相手が壁にぶつかっているとき、どこで躓いているのかを聞き出せる傾聴力も求められます。

　福祉業界というと、すぐに介護職を思い浮かべる人が多いかもしれません。ですが実際には、保育、相談援助、看護、リハビリテーション、医療事務、栄養・調理など、福祉業界の仕事は多岐にわたっています。どの仕事内容であっても、基本は人を助ける仕事ですから、必要な能力としては、**人と接することが好き、状況に応じて臨機応変に対応できる、小さな変化に気づける、気配りができる、相手の話にしっかりと耳を傾けられる**といったものが挙げられます。また、**体力を必要とする仕事**が多いのも特徴です。

　そして、人材・教育・福祉のすべての業界で共通して必要とされる能力が、相手を思いやることのできるホスピタリティ精神です。ホスピタリティ精神を軸としつつ、しっかりと利益を生み出すビジネス感覚を持つことが、この業界では求められます。

人材・教育・福祉業界でよく聞かれる質問

　人材・教育・福祉業界では、社会問題のなかでも、特に少子高齢化が関わってきます。日本の現状を踏まえて、今後の業界の展望を問われることも多いため、社会情勢もきちんとおさえておきましょう。

Q 高齢者との関わりはありますか？

A 　祖母が寝たきりになってから、介護の手伝いをしていました。入浴補助やシーツを変えたりすると、手を握って、何度も「ありがとう」と言ってくれたことが、何よりも嬉しく心に残っています。この経験が介護業界を目指すきっかけにもなりました。

　志望動機にも繋がる質問です。介護業界は、対面業務のうちでも特に力仕事です。高齢者との交流に抵抗がないか、高齢者や介護が必要な人の手助けができそうかを確認する意図があります。教育業界でも同様ですが、自分の経験のアピールが重要です。

Q なぜ当社を志望しましたか？

A 　私は、将来人材派遣のサービスを通じて企業と人との架け橋のような存在となって活躍したいと考えております。御社は、さまざまな業界、分野に精通しており、仕事を幅広く紹介できます。より多くの人に、幅広い可能性を提供したいと考え、御社を志望いたしました。

　人材業界は、意外にもオーソドックスな質問が多いのが特徴です。ただし、人材業界は、いわば面接のプロ。一般企業の面接官よりも深く掘り下げる質問が多いでしょう。表面的な回答ではなく、自己分析を繰り返し、自分の言葉できちんと志望理由などを伝えるようにしましょう。

他にもこんな質問が --------------------------------------

● 現在の教育の問題点は何だと思いますか？
● 自分が行動して、周りが変わったことはありますか？
● インターネットを使った教育をどう思いますか？

⑫ レジャー・サービス

プロ意識とビジネスの視点が必要

　レジャー・サービス業界には、ホテル、旅行業、アミューズメント、スポーツ施設など、さまざまな業種が含まれています。これらの業界を志望する人の動機で多いのが「好きだから、自分もそこで働きたい」というものです。しかし、例えば「旅行が好き」といった程度の意識では合格は見込めません。

　一見楽しそうだったり、華やかそうに見えたりするレジャー・サービス業界ですが、実際の仕事は地味で、体力や忍耐力を必要とするものが多いのです。この業界を目指すならば、自分は楽しむ側ではなく、お客様を楽しませる側という意識を強く持ち、さらにビジネスとしてどうすれば売上がアップするかまで考える必要があります。

▶ レジャー・サービス業界の研究方法

　レジャー・サービス業界は提供するサービスによって、業務内容もさまざまです。ライバル企業との比較が重要になってきます。

● サービス：観光客の数は大幅な回復傾向にある。どのようなサービスを新たに展開しているか、比較しよう。

● 他業界との繋がり：旅行業界や鉄道会社、外食産業とも関わりがある。どのようなタイアップがあるかを比較しておこう。

1 求められる人材
体力・コミュニケーション・企画力など……
幅広い能力が必要

　レジャー・サービス業界で働くのなら、**気が長くて冷静な性格の人のほうが向いています**。この業界の仕事では、ときにお客様から理不尽な要求をされたり、厳しい言葉を投げかけられたりすることもあります。そんなときにも、嫌な顔をしたり、感情的な反応をしたりせず、仕事として割り切って臨機応変に行動できる人でなければ、働き続けることは難しいでしょう。

　体力も大切な資質のひとつです。レジャー・サービス業界では、場合によっては半日以上も椅子に座ることができず、立ったままお客様の対応にあたるということもあり得ます。それゆえ、体力は欠かせません。

　それから、人と接することの多い仕事ですから、当然ながらコミュニケーション能力も必要となってきます。また、レジャー・サービス業界では、人気や流行は移ろいやすいものなので、次々と新しい楽しみを提供できる企画力も求められます。新しい企画を考えるためには、時代のニーズを捉えるための情報収集能力も必要になってきますし、企画を実行するための行動力やチャレンジ精神も必要です。

2 求められる人材
アルバイト経験が重要

　その他にも、トラブルやクレームに即座に反応し、ただ謝るだけでなく、何ができるのかをすぐに提案できるような対応力、お客様が本当に満足できるものを提供するためのホスピタリティ精神なども、レジャー・サービス業界では求められます。

　このように、この業界はさまざまな能力が必要となる意外と難しい仕事なのです。そのため、向き不向きがはっきりと分かれます。また、その適性を見極めるため、採用試験では接客などの**アルバイト経験の有無が重視される傾向**があります。

⓫ 物流

運ぶだけではない物流の仕事

　物流業界の業態には、トラックや貨物列車などによる陸運、船による海運、飛行機による空運の3種類があり、基本的にはそれぞれ会社が分かれています。また、仕事内容としては、モノを運ぶ「輸送」以外にも、倉庫などで預かっておく「保管」、輸送する製品を梱包材や包装材で包む「包装」、効率的な配送ルートの検討や日程調整を行う「管理」など、多岐にわたっています。

　物流業界を目指す場合、例えば陸運なら「なぜ陸運なのか」という理由を明確にし、さらに「なぜその会社なのか」もはっきりと答えられるようにしなければなりません。求められる能力は、まず責任感。それから、さまざまな他業者と連携することも多いので、コミュニケーション能力も必要となります。

物流業界の研究方法

　物流業界は、インターネット通販利用者の増加により、環境も変わってきています。各社のサービスなどを比較しておきましょう。

- IT化：AIやIoTを導入する企業は増加傾向にある。どのようなサービスを展開しているか、比較しておこう。
- 業務提携：同業他社や異種業界と業務提携をしている企業も多い。相互のサービスの共同活用など、どのような形の業務提携か、確認しておこう。

Web面接・対面面接
お悩み相談

こんなとき、どうしたらよいの?
就活生が気になるポイントを Q&A 形式にまとめました。

**Web面接は
空気が読みにくくて……**

 そういうものだと割り切りましょう

　Web面接では、発言するタイミングが掴みづらくなることがあり、対面面接に比べて空気が読みにくいものです。

　しかし、空気が読みにくいのは、あなたが原因ではなく、機械が原因ですから、Web面接はそういうものだと割り切りましょう。

　それに、**相手の職場という慣れない環境で行う対面面接より、住み慣れた自宅で行うWeb面接のほうがリラックスできるという利点も
あります**。Web面接も悪いことばかりではありません。

 **Web面接中、
メモを取ってもよいですか**

 ひと言確認すれば、問題ありません

　Web面接だと、面接官に手元が見えないため、断りを入れずメモを取り始める人もいます。熱心に聞いていると受け取ってもらえることもありますが、面接官と目線が合わないと悪い印象を与えてしまう可能性もあります。

　ですので、ひと言「メモを取ってよろしいでしょうか」と確認してから、メモを取ってください。また、その際「**貴重なご意見を活用したいため**」などの理由を添えると、好印象です。

どうしてもカメラを見るのが
苦手です

 集中して話せると考えましょう

　Web面接はカメラ目線が原則ですが、レンズ越しだと目線が合っているのか確かめられず、自分の話がどう受け止められているか分からない不安が、カメラを見るのを苦手と感じる一番の要因でしょう。

　しかし、あなたが何かを話したとき、面接官の表情が曇ったり、けわしくなったりしたら、緊張して、何も話せなくなってしまうかもしれません。**Web面接では面接官の反応が目に入ってこないため、気にせずにすむと考え、集中して話し続ければよいのです。**

 Web面接だと
実家で親に聞かれている気が
してやりづらいです

 親孝行だと思いましょう

　実家でWeb面接をしていると、親に聞かれているのか、気になる人も多いでしょう。我が子の面接の様子が気になって仕方がないため、ほぼ確実に親は聞いています。

　ですから、社会人への第一歩を踏み出す自分の姿を見せることが人生最大の親孝行だと考え、堂々と面接の様子を聞かせてあげましょう。

　ただ、どうしても聞かれるのが嫌な場合、そのことをはっきり親に伝え、面接の時間は外出してもらうか、会議室などを借りてください。

Q5 最終面接もオンラインだと、自分の想いを伝えられる自信がないです

A 自分を信じてベストを尽くすしかありません

　まず、最終面接までWeb面接という企業は減りつつあります。一次面接や二次面接はオンラインであっても、最終面接だけは対面という企業が多いです。ただ、最初から最後までオンラインでの面接だけという企業も一部ですがあります。

　Web面接が浸透したのは、コロナ禍という特殊な状況が原因ですので、パンデミックが収まれば最終面接までオンラインという企業は減っていくと思われます。しかし、**IT業界をはじめとするいくつかの業界では、あえてWeb面接に重きを置く可能性もあるでしょう。**

　画面越しのWeb面接では自分の想いが伝わらない気がする、特に最後の決め手となる最終面接までオンラインでは、落ちたときに納得がいかないという気持ちはよく分かります。ですが、本当に自分の想いが伝わっているのかという悩みは、Web面接だけではなく、対面でもあるものです。WebにはWebの難しさがあり、対面には対面の難しさがあります。

　Webだから想いが伝わらないというのは、単に状況のせいにしているだけではないか、一度厳しく自分に問いかけてみてください。本当に自信があり、実力があるならば、Webだろうと対面だろうと関係ないはずです。

　自分を信じて、ベストを尽くしましょう。

パソコンの画面越しに
すべてが決まるなんて、
モチベーションが上がりません

 面接官は真剣に選んでいます

　志望企業の社員と一度も直接会うことがなく、パソコンやスマートフォンの画面越しのやりとりだけで面接が進み、合否が決まってしまう場合、なかなかモチベーションが上がらない気持ちもよく分かります。

　ですが、そんなときは面接官や企業の立場に立って考えてみてください。

　企業が新卒を正社員として正式に雇うのは、かなりの大金を投じる投資です。採用した人が定年まで勤め上げるとしたら、ボーナスや退職金を含めた生涯賃金は数億円にもなります。企業にとっての採用試験とは、それほど大きな投資を、本当に会社に貢献してくれるのか、利益を出してくれるのかを予想して行う、自社の将来を左右する試験なのです。

　それゆえ、面接官や経営者の責任は重く、ある意味、就活生よりも真剣に採用試験に向き合っています。パソコンの画面越しだろうと、**企業側は今後何十年も自分の会社で働いてくれて、利益を出してくれる人材を見つけ出す必要があり、本気で探し出そうとしているのです。**

　そう考えれば、パソコン越しでもモチベーションが保たれるはずです。ぜひ面接官に負けない真剣さで、就職活動を成功に導いてください。

面接官や他の就活生の表情、
雰囲気が気になります

 それはコミュニケーション能力が高いからです

　対面面接で面接官の表情や集団面接やグループディスカッションで他の就活生の雰囲気が気になってしまうという人は、多いかもしれません。「的外れなことを言ってしまったのではないか」とか、「自分は周囲から浮いているのではないか」とか、一度気になってしまうと、どうしても不安になるものです。

　しかし、それは、あなたのコミュニケーション能力が高く、周囲の空気を敏感に読もうとしているため、そう感じるだけです。したがって、あまり心配する必要はありません。そうやって、自分以外の人の細かな変化に気づくからこそ、ひとりよがりにならずにいられます。もし、**相手の表情や雰囲気などをまったく気にせず、自分勝手に話し続けていたら、面接では低い評価しかもらえないでしょう**。だから、「気になる」のは、よいことなのです。

　面接に限らず、会議などでもコミュニケーション能力が高い人は、必ず相手の表情や反応を見ながら、話を進めていきます。あまり反応がよくないと思えば、言い方や話す順番を変えるなどの工夫をします。そのことによって**一方通行ではない双方向のコミュニケーションが成立し、会議もスムーズに進行するのです**。

　ただ、気にしすぎは禁物です。相手が顔をしかめたとしても、単にクシャミが出そうだっただけなのかもしれません。表情やしぐさは重要ですが、外見で相手の気持ちをすべて理解できるわけではないことも覚えておきましょう。

**圧迫面接と思えるような場面で
どのように対応したらよいですか**

 チャンスですので、冷静に対応しましょう

　面接のなかで、「君は当社に向かないね」や「そんなに甘いものじゃ
ないよ、それで通用すると思うの」、「結局、何が言いたいわけ？」と
いった厳しい質問を受けることがあります。いわゆる、圧迫面接です。
　面接官が圧迫面接をするのは、**就活生のストレス耐性や柔軟性、とっ
さの対応力を見るため**です。本心から就活生を否定しようとしていた
り、資質やスキルに疑問を持ったりしているわけではありません。反
対に、**ある程度期待できると思っているからこそ、より深く知るため
に圧迫面接を行います。**

　ですから、このような質問が出たら、「チャンスだ」と思い、冷静
に対応しましょう。具体的には、まず相手の言葉を肯定してから、次
に向上心を感じさせる発言をするか、あるいは、相手の言葉を否定し
てから、否定の根拠を述べて自己PRに繋げるというのがよい対応です。
　一番よくないのは、感情的に反発したり、圧倒されて黙ってしまっ
たりすることです。また、100パーセント相手の言い分に同意してし
まうのもよくありません。
　ちなみに、最近はあまり強い圧迫面接をしてしまうとSNSや就活
サイトなどに就活生から悪口を書かれてしまうので、企業イメージが
下がるのを防ごうと圧迫面接は減少傾向にあります。

複数の内定をもらって悩んでいます

 自分の価値観に優先順位をつけましょう

　複数の会社から内定が出ているというのは、就活生にとっては理想の状態です。しかし、そこで「悩んでいる」ということは、それぞれの会社によい点とイマイチな点があり、何が何でもこの会社に入りたいという第一志望が決められないからだと思います。

　この場合、まずは何に悩んでいるのかをはっきりさせるため、A社、B社、C社の3社から内定が出ているなら、それぞれの会社のよい点とイマイチな点を書き出してみましょう。比較するポイントは、企業規模（従業員数）、初任給、給与の上がり方、転勤の有無、仕事内容への興味、残業の量、社風などです。

　次に、会社の比較とは別に、あなた自身が仕事をする上で大切だと思っている価値観を書き出してみてください。例えば、やりがい、勤務時間、人間関係、給与、安定、楽しさ、達成感などが挙げられるはずです。もちろん、人によって大切だと思うものは違うので、上記以外でも何でも構いません。

　そして、自分の価値観のリストアップが終わったら、今度はそれに優先順位をつけましょう。同点はなしで、1位から3位ぐらいまで順番をつけてください。その**自分が大切にしている1〜3位の価値観と、最初に書き出した3社の比較を並べて見てみると、自分に一番マッチした会社が見えてくるはずです。**その企業の内定を承諾するのがよいでしょう。

内定辞退するときは
どうしたらよいですか

 まずは電話で伝えましょう

　内定を辞退する際、できるだけ早めに電話で採用担当に連絡をしましょう。**メールだと事務的になったり、ニュアンスが伝わらなかったりすることもあるので、可能な限り電話をかけるようにしてください。**

　電話連絡の結果、来社を促されることもあります。そのときは、素直に訪問しましょう。多くの場合、内定を辞退するときには、必ず企業を直接訪問して、誠意をもってお詫びしなければいけないというわけではありません。担当者は、あなたが辞退したためにかわりの人員を見つけなければならず、かなり忙しい可能性も考えられます。また、直接会ったとしても辞退するという結論がほぼ変わらないことを担当者は経験上知っています。ですから、先方から来社を促されない限りは、電話連絡だけで終わることが多いです。

　辞退を告げた際、担当者からその理由を聞かれるはずです。これは、**今後の採用活動の参考にするためなので、事前にしっかりと考えておき、せめてもの気持ちとして丁寧に辞退の理由を伝えましょう。**

　内定辞退を伝えると、担当者から怒られるのではないかと心配している人もいるかもしれません。もちろん、怒られるケースも皆無ではありませんが、「今後も仕事上で関わりができるかもしれないので、そのときはよろしくね」という気持ちを持って、暖かく応援してくれることもあります。怒られるのが怖いから辞退の連絡をしないとか、先延ばしにするというのは、一番やってはいけないことです。

Q11　周りがどんどん内定をもらっていて焦ります

A　焦るより、落ちた理由を分析しましょう

　自分は面接で落とされ続けているのに、友達やゼミの仲間が次々と内定をもらっていたら、いくら焦るなと言っても焦ってしまうのは当然です。しかし、焦っても仕方がないのもまた現実です。どんなに焦っても、それであなたが合格に近づくわけではありませんから、「人は人、自分は自分」と考えるようにしましょう。

　もし、知り合いが同じ企業を受けていて、自分だけが落ちたら、心理的にはかなりキツイものがあります。ですが結局、就職活動の最後の決め手となるのは就活生と企業との相性ですので、**自分に合った会社ではなかったとポジティブに切り替えましょう**。

　なかなか内定が出ないとき、周囲を見て焦ることよりもやらなければいけないのは、なぜ落ちたのかという振り返りです。態度や言葉づかいに問題はなかったか？　企業研究はできていたのか？　自己PRの選択はあれでよかったのか？　アピールの仕方に別の工夫はなかったのか？　などを冷静に分析して、次の面接に活かしてください。

　採用担当者に不合格の理由を聞いてみるのも役に立ちます。一般的に不合格者には理由を教えてくれませんが、教えてくれる企業もあるので、ダメ元で聞いてみて損はありません。あるいは、OB・OG訪問やセミナーなどで知り合った社員に面接の様子を伝え、意見を聞くという手もあります。そういった努力を重ねていけば、きっとよい結果に結びつくはずです。

Q12 いつも脇役なので 自己PRできるようなことが ありません

A 脇役にも大事な役割があります

集団のなかで、キャプテンや部長、委員長などリーダー的な役割を務めたことがあれば、確かにそのことはアピールしやすいでしょう。ですが、いつも脇役しかやってこなかったからといって、それがアピールに繋がらないというわけではありません。

集団はリーダーだけいても成立しません。しっかりと裏方として支える脇役がいて、はじめて成立するのです。仕事も個人でやるのではなく、組織でやるものですから、脇役も必要不可欠な存在です。**裏方の目立たない仕事であっても真面目に取り組み、組織に貢献できる人は、必ず高い評価をもらえます**。ですから、堂々と胸を張って、脇役として頑張ったエピソードをアピールしましょう。

例えば、レストランのアルバイトで、みんなが嫌がっていたトイレ掃除やゴミ捨て、キッチンの汚れ落としなどの仕事を率先して頑張ったというアピールは、面接官から高い評価を得られるはずです。**近年、多くの企業が面接で就活生のストレス耐性を重視しています**。憧れだけで志望して、実際の仕事に就いたら、きつくて辞めてしまったとなると困るからです。

そういう意味で、人の嫌がる仕事を率先してやったという自己PRは、仕事の表面上の華やかさだけでなく、舞台裏も理解して積極的に取り組める人材を求めている企業にとっては高評価となります。

長続きした経験がないんです

 短期間でも学んだことがあれば大丈夫です

　「小学生から現在まで15年以上ピアノを習っていて、昨年はコンクールで準優勝しました」や「高校、大学と5年間同じファストフード店でアルバイトをしていて、最後にはバイトリーダーになりました」といった、長期間何かをし続けたエピソードは面接で高い評価を得られる印象があります。特に日本では、色々なことに手を出す人よりも、ひとつのことを続けられる人のほうが評価を得られやすい傾向があるのは事実です。

　ただ、長い期間取り組んでいた習い事やアルバイトでないと自己PRにはならないと考えるのは早計です。たとえ短期間であっても、そこで得たことや身につけたことを、しっかりとアピールできれば高い評価はもらえます。つまり、**大事なのは期間ではなく、その経験から何を学んだかということ**です。

　例えば、5年間で色々な教室に通って3か国語と2種類の楽器を習得したというエピソードは、ユニークなアピールになるでしょう。ピアノを15年間習っていたという自己PRよりも、面接官の印象に残る可能性があります。あるいは、短期間のアルバイトを10種類やったことで、ひとつの職場で働いていたら会えなかったさまざまなタイプの人と知り合えたというアピールは高い評価に繋がるでしょう。それがもし、人材派遣会社の面接だったら、ずっと同じアルバイトを長期間していた人より高評価になるかもしれません。

Q14 アルバイトをしたことが ありません

A 説得力のある理由を伝えてください

「どんなアルバイトをしていましたか?」という質問は、面接では よくあります。また、この質問に続けて、「そのアルバイトで得たも のはなんですか?」、「アルバイトでの経験が我が社での仕事に活かせ ると思いますか?」など、さらに突っ込んだ質問をされることもあり ます。

アルバイトは多くの学生にとって社会人経験の入り口となるもので す。そこで学生は、学校以外の人間関係や、仕事の大変さ、最終的な 評価者がお客様であることなどを学びます。そのため、企業側も、**受 験者がどのような意識で仕事に取り組んでくれるかを測るために、こ の質問をするのです**。そういう意味で、とても重要な質問といえます。

それゆえ、基本的には「アルバイトをしたことがない」という回答 は、あまりプラスにはなりません。もし「ない」と答えれば、必ず理 由を問われるので、そのときはかなり説得力のあることを言う必要が あります。

例えば、理系の大学生などでしたら「研究が忙しくてアルバイトを している暇がなかった」と言えば、企業も納得します。その他、部活 動やボランティアに打ち込んでいたという答えでしたら、マイナス評 価にはなりません。そして、**アルバイトをするかわりに自分が力を注 いでいたことで得られた経験についてアピールしましょう**。

浪人、留年経験があるのが不利になりそうで不安です

 ## ちゃんとした理由があれば大丈夫です

　浪人経験は就職活動で不利になるのではないか、と心配になる人もいるかもしれません。ですが、特にそのようなことはないので安心してください。企業が避けようとするのは、志望した大学に入れずに浪人した人よりも、充実した大学生活を送れなかった人です。

　なんとなく大学生活を送り、特に学業もサークルもアルバイトも頑張らなかったという人は企業から低い評価しかもらえないでしょう。それより、浪人経験があっても、**目標を持って努力し、充実した日々を過ごした人のほうが高評価となります**。

　それは浪人中のことにもあてはまります。例えば志望大学に入れなかったので、弱点の英語を克服するため浪人期間中にTOEICを300点アップさせたといったエピソードは、すんなり大学に入って、そのあと努力しなかった人より高い評価に繋がりやすいのです。

　いっぽう、留年は浪人より不利になりますが、そこまで致命的ではありませんし、留年した理由がポジティブなものならプラスの評価にもなり得ます。例えば、大学時代にサークルでダンスに打ち込み、全国大会にも出たが、そのぶん学業とのバランスが取れなくなって留年してしまったといったエピソードでしたら、ひとつのことに全力で打ち込める人として見てもらえる可能性もあるのです。

　失敗経験は隠そうとはせず、それをプラスの経験として語れるようにしましょう。

Q16 内定をもらった企業から
「すぐに入社を決めてください」
と言われました

A 入りたい企業なら、内定を承諾しましょう

　企業から内定がもらえるのは嬉しいことですが、そこが第一志望の企業でなく、しかも第一志望の企業の選考が終わっていない場合、かなり悩んでしまうものです。また、どこを第一志望とするか決まっていない場合でも、最初に内定が出た企業に決めてしまってよいか悩むところでしょう。

　さらに、内定が出た企業から「すぐに内定承諾書に署名して提出してください。提出後は辞退できません」と言われることもあります。あるいは、最終面接直後に「今すぐ入社を決めてください。誓約書に署名すれば内定とします」と言われることもあります。本当に悩ましいところです。

　結論から言えば、このようなケースでは、状況次第で入社してもよいと思っている企業なら、内定承諾書に誓約書に署名してしまって構いません。じつは内定承諾書や誓約書には法的な強制力はないのです。あとで、**本命の企業に入社することになったら、破棄してしまっても法的に問題になることはありません。**

　もちろん、内定をもらった企業を辞退する際、その企業から「誓約書に署名したではないか」と抗議されることはあります。ですが、「申し訳ありません。どうしても第一志望の企業に入社したいと思います」と丁寧に伝え、自分の意思を貫きましょう。就職は一生を左右するものですから、妥協すると、後悔することになってしまいます。

第**5**章

Ｗｅｂ面接・対面面接お悩み相談

家族構成について聞かれました

 詳細を答える必要はありません

　面接では、適性と能力に関係がない質問をされる可能性があります。答えなければ、採用に対して不利に働くと不安になるかもしれませんが、本来は答えなくてもよい質問です。質問に回答する前に「**答えにくい質問だが必要なら答える**」**というニュアンスで質問の意図を尋ねてみてもよいでしょう**。また、不適切な質問であるといっても、嘘を回答してしまうと後々トラブルになる可能性もありますので、注意してください。志望度の高い企業の場合、自分が答えてもよいと納得できる質問でしたら、答えを最小限に留めつつも、はっきりと「4人家族です」などと答えるのが無難でしょう。

　厚生労働省が、公正な採用の基本の指針を出しているものの、依然として適性と能力以外の質問も問われることはあります。このようなNG質問をされた場合、どのように対処するかあらかじめ考えておくことをオススメします。

NG質問例

- ●本籍に関わる質問：あなたの本籍地はどこですか?
- ●住居とその環境に関する質問：あなたの住んでいる地域は、どのような環境ですか?
- ●家族構成や家族の職業・地位・収入に関する質問：お父さんはどこに勤めていますか?
- ●資産に関する質問：あなたは一戸建てに住んでいますか?
- ●思想・信条、宗教、尊敬する人物、支持政党に関する質問：あなたは、今の社会をどう思いますか?
- ●男女雇用均等機会法に抵触する質問：結婚の予定はありますか?

いつも予定より10分早く面接が終わってしまいます

 気にする必要はありません

　面接の時間が予定より早めに終わってしまうと不安になるかもしれません。ですが、面接官は聞きたいことをすべて聞き終われば、予定時間内であっても早めに終わります。

　また、他部署と兼務しながら採用に関わっている面接官もいますので、他の業務との兼ね合いで早く終わることもあります。

　いずれにせよ、**面接で話すべきことは話せているため、不安に思う必要はありません。**自分が考えていることをすべて伝えられるよう、全力を出してください。

 日程や結果通知のメールにはいちいち返信すべきでしょうか

 返信したほうが好印象です

　面接の日程確認メールなどに、毎回必ず返信する必要はありません。しかし、最近は、一方的な配信メールだと思い、返信しない就活生もいるため、返信をしたほうが確実に好印象です。

　メールの書き出しには、「〇〇社△△部 A様」などと宛名を書くこと、そしてメールの最後に署名を入れて返信してください。

　ほんの少しの心づかいで、企業の評価はグッと上がります。

面接の結果通知が来ません。
催促してもよいですか

 1週間以上遅れている場合、連絡しても構いません

　面接の結果通知が予定日になっても届かないと誰もが不安になると思います。企業側から伝えられた期限から1週間が過ぎても結果通知が届かない場合、自分から問い合わせの連絡をしても問題ありません。企業への問い合わせは、メール、電話どちらでも構いませんが、**メールのほうが多忙な採用担当者にも対応してもらいやすいでしょう**。ちなみに、結果通知が遅れる理由は、以下の3点が考えられます。

①手続きに時間がかかっている

　小規模な企業の場合、採用担当者が他部署と兼任していて、応募者へ連絡する時間が取れないことがあります。また、大手企業は、最終面接に役員や社長が同席する場合もあるため、上層部ともスケジュールをすり合わせる必要があります。これらの理由で連絡が遅くなっている可能性もあるので、ナーバスになりすぎる必要はありません。

②不合格者への連絡が後回しになっている

　合格者から優先的に連絡することが多く、結果的に不合格者への連絡が遅れている場合もあります。ただ、合格者から辞退されることも見越して、次点の人に選考結果を伝えるのを先延ばしにしている可能性もあるので、諦めずに待ちましょう。

③通知が郵送のため、時間がかかっている

　結果通知が、メールや電話ではなく、郵便で届くことがあります。郵送はコストがかかるため、内定の可能性は高いです。郵送で内定通知が来た場合は、なるべく早く入社の意思を伝えましょう。

「第一志望です」と
嘘をつく気になれません

A **面接会場にいる以上、第一志望は嘘ではありません**

　面接で、第一志望の企業ではないにもかかわらず、そう答えること
に違和感を覚える就活生も近年増えています。確かに、応募先企業よ
り志望度の高い企業がある場合、応募先企業に対して嘘をついている
気分になるかもしれません。しかし、応募者は、**他に希望している企
業から内定をもらえなければ、その企業に入社する意思を持っている
からこそ、その企業の面接を受けているはずです。**

　このことから、少なくともその面接を受けている瞬間は「第一志望
です」と答えても嘘ではありませんし、その受け答えが正解となるの
です。

　また、「第一志望」と答えなかった場合、「当社の志望順位は、今受
けている企業のなかで何番目ですか」という質問をされることがあり
ます。これは面接官が上司に「その応募者はどうだった？」と聞か
れたときに「入社意思は強いです」とフォローをするためです。「1
番目」と答えるのが望ましいですが、どうしても「1番目」と答え
たくない場合は、なるべく上位で答えてください。

　面接官も就活生を落とすために、面接をしているわけではありませ
ん。少しでも入社の意思があるのでしたら、「第一志望です」と答え
てください。

秋以降も就活を続けるか
悩んでいます

 業界にもよりますが、納得のいく結果が出るまで
頑張ってください

　志望業界が自分に合わないと分かり、方向転換することを決めたり、春夏の就活で思ったような結果が出なかったり、内定をもらえたけれど考え直したり、といった場合、秋冬採用で納得のいく結果まで就活を続けるか、就職浪人するかで悩む就活生も多いと思います。

　広告代理店など、春の採用選考しかチャンスがない人気企業もあります。そういった企業でどうしても働きたい人は休学や就職浪人を検討してもよいでしょう。

　しかし、最近の企業の採用活動は長期化しており、**内定のラッシュが起こる5月だけでなく、通年採用を行う企業も増えてきています。**大学4年の前期の単位が足りないだけで、優秀な学生がまだ就活市場に埋もれている可能性もあるため、わざわざ早期に締め切る必要はないのです。

　また、業界にもよりますが、全体的には少子化によって応募者数が減少傾向にあります。そのため、**企業は新卒の採用活動を長期間続けざるを得ないのが現状です。**

　このことから、春夏の就活で思うような結果が得られなかったからといって、諦める必要はありません。納得のいく結果が出るまで、就活を頑張って続けてください。

面接で手応えを感じたのに
不合格でした。
どうしてでしょうか

 面接官の求めていることは話せましたか？

　就活生が緊張しないよう、話を盛り上げてくれる面接官も多いと思います。話は盛り上がったのに、どうして落ちたのかが分からず、次にどう活かせばよいのか、見当のつかない就活生もいるでしょう。

　どんな面接でも雰囲気よく話せるにもかかわらず、なかなか面接を通過できない人は、一方的に自分の話したいことだけを話している可能性があります。

　「自分が言いたいことを言えた」ことが手応えに繋がるわけではありません。面接では、一方的に自分の話したいことを話すのではなく、面接官が求めていることを話し、お互いが分かり合えて初めて、次の選考に進むことができます。

　実際に、警察官の採用試験で、趣味の将棋の話で盛り上がってしまい、警察官になるために必要なことを話すことができずに、落ちてしまったという例もあります。**いくらにこやかに選考が進んでも、応募先企業と自分がマッチしていることを伝えられなければ、落ちてしまいます。**

　もし、面接で話が盛り上がったにもかかわらず、結果が不合格で、反省点が見つからない、という場合は、企業が求めていることを話せたかどうか振り返ってみてください。

第5章

Web面接・対面面接お悩み相談

監修

瀧本博史（たきもと ひろし）

キャリコンリンク合同会社代表　https://careerconsultantlink.com/

　年間約2000件の進学・職業相談を行っている現役のキャリアコンサルタント。学校法人で就職課の責任者として務めた後、2012年より地方自治体の職業相談員を機にキャリアコンサルティングを専門とした活動を開始する。2013年からは大学生などの若年者支援だけにとどまらず、ハローワーク職員、ニート・フリーター支援、職業訓練校講師、再就職者支援、東証一部上場企業の面接官等を経験する。25年以上の実務経験をもとにした「時代の流れをくむ進学・就職・面接指導」を得意とし、国立大学の特任講師や大学内での就職講演も担当。2015年から支援を行っている箱根駅伝常連校の大学では、相談予約開始と同時にいっぱいとなる「行列ができるキャリアコンサルタント」として、著名企業や国家公務員などの内定者数を毎年塗り替えてきた。これまでの相談実績は4万件超。現在は、国家資格キャリアコンサルタント希望者育成のため、厚生労働大臣認定講習キャリアコンサルタント養成講座の講師も担当している。取得資格は国家資格2級キャリアコンサルティング技能士（熟練者資格）、産業カウンセラー、米国NLP協会認定NLPトレーナー。
著書：オンライン就活は面接が9割（青春出版社）
番組監修：ラランドのコワくない。オンライン面接（NHK総合）

本書の内容に関するお問い合わせは、**書名、発行年月日、該当ページを明記**の上、書面、FAX、お問い合わせフォームにて、当社編集部宛にお送りください。**電話によるお問い合わせはお受けしておりません。**また、本書の範囲を超えるご質問等にもお答えできませんので、あらかじめご了承ください。
　FAX：03-3831-0902
　お問い合わせフォーム：https://www.shin-sei.co.jp/np/contact-form3.html

落丁・乱丁のあった場合は、送料当社負担でお取替えいたします。当社営業部宛にお送りください。
本書の複写、複製を希望される場合は、そのつど事前に、出版者著作権管理機構（電話：03-5244-5088、FAX：03-5244-5089、e-mail：info@jcopy.or.jp）の許諾を得てください。
JCOPY ＜出版者著作権管理機構 委託出版物＞

【2026年度版】　本気で内定！面接対策

2024年1月25日　初版発行

監 修 者　瀧　本　博　史
発 行 者　富　永　靖　弘
印 刷 所　今 家 印 刷 株 式 会 社

発行所　東京都台東区　株式　新星出版社
　　　　台東2丁目24　会社
　　　　〒110-0016　☎03(3831)0743

© SHINSEI Publishing Co., Ltd.　　　　Printed in Japan

ISBN978-4-405-02763-3